伸びてる会社がやっている「新卒」を「即戦力化」する方法

株式会社Legaseed（レガシード）代表取締役
近藤悦康

クロスメディア・パブリッシング

プロローグ

会社を成長させる、最高の戦略が「新卒採用」である

本書は、新卒採用で入社する社員を、即戦力化する方法をお伝えするものです。

私は、人事コンサルタントとして、様々な業種の経営者や採用担当者の方と接してきましたが、その多くが「即戦力は中途採用」というイメージをおもちです。

そもそも、新卒採用を行っていない中小企業も多く、「新卒採用」と「即戦力」という組み合わせに違和感を覚える方もいると思います。

2018年10月9日、経団連が会員各社を対象とする、就活解禁時期等の「採用選考に関する指針」を廃止することを決定し、大きなニュースとなりました。1953

年から続いてきた「就活ルール」が、2021年入社以降、変わっていく可能性が高まっています。

とはいえ、このニュースに大きな驚きを覚えた方は、新卒採用をしていない企業の方が多いのではないでしょうか。現場の肌感覚では現状の「就活ルール」も、大学1・2年生が長期インターンシップに参加するなど、既に形骸化しつつあり、ようやく時代が追いついてきた印象です。

現在の就活市場は、年々変化し、新しい常識が生まれています。

そして、私が最もみなさんにお伝えしたい新常識が、「新卒採用で、即戦力人材を採用できる」ということなのです。

空前の売り手市場となっている現在、この新常識は、一部の企業に限った話かと思われるかもしれませんが、決してそうではありません。

確かに、2019年3月卒業予定の大学生に対する求人倍率は1・88倍で、中小企業に限れば9・91倍という大変な数字になっています。

しかし、私が経営する株式会社Legaseed（レガシード）も、創業5年、社員20名の中小企業ですが、毎年1万名もの応募を集め、「楽天みん就」の人気インターンシップランキングで、総合20位、人材業界部門では1位にランクインしています。創業したばかりの企業は、特に中途採用で組織をつくりがちですが、レガシードの社員の8割は新卒入社です。

私たちの会社では、内定者が経営者にコンサルティング提案をし、数百万円の契約を決めています。そして、入社2年目でチームリーダーとなり、メンバーをもち年間1億円以上の売上をつくります。

当然ながら、これはレガシードだけの話ではありません。私たちのノウハウを取り入れた企業の経営者のみなさまに、「あのとき新卒採用をやっておいてよかった。やってなかったらいまの会社になっていない」と、言っていただく成果が出ています。新卒3年目で太陽光発電事業の責任者となり、年間7億円の売上をつくる人材や、新卒1年目からエステティック事業で年間5千万円の売上をつくる人材など、業種や規模を問わない数々の企業が新卒採用を成功させ、1年目から活躍する人材を育て上げています。その具体的な事例も、本編でお伝えします。

要するに、やり方次第では、売り手市場であっても、いくらでも勝ち目はあるということです。中小企業だからと言って、妥協した採用をする必要はないのです。

そもそも、新卒採用というのは、本来妥協してはいけない取り組みです。

活動そのものにかかるコストで言えば、新卒採用には一人あたり平均80万円程度かかります。しかし、一人の学生が入社し、定年退職まで勤めあげると考えれば、給与や福利厚生費、保険や税金の会社負担分の総額は約3億円です。

言い換えれば、新卒採用とは、一人の人材に3億円を投資する事業なのです。

中小企業に限れば、一人に10社内定が出る時代と考えれば、「贅沢《ぜいたく》は言えない。入ってくれれば誰でもいい」と考える経営者がいることも理解できます。しかし、それはコストを80万円と考えているからです。3億円の投資と考えれば、採用市場がどうなっていようが、絶対に妥協せず、自社が本当に必要とする、優秀な人材を採用したいと思われるのではないでしょうか。

また、経営者の多くは、「どちらかと言えば」中途採用のほうが即戦力人材を採用できると考えているだけで、実際のところ、中途採用をしても満足できる成果があまり出ていないのではないでしょうか。

本書は、まさにそんな経営者の方にこそ、読んでいただきたい本です。

当然ながら、単に新卒採用をすれば、即戦力人材が採用できるというわけではありません。市場の変化、学生の変化、競合他社の変化をきちんととらえ、過去のやり方にとらわれず、採用における競争優位性を上げる必要があります。採用活動をイノベーションすることができない企業は、ますます人の問題で悩むことになるでしょう。

これから、私が人事コンサルタントとして17年間、中小企業の経営者として5年間事業を継続してきた経験から、即戦力人材を新卒採用で獲得するために必要な考え方とノウハウをお伝えしていきます。

プロローグ

目次

第2章 即戦力になる素材の見極め方

第3章　即戦力になる素材の調達の極意

第4章　即戦力になる素材の調理法

第5章 即戦力人材が定着する職場環境のつくり方

第6章　即戦力人材を世の中に増やすアプローチ方法

第8章　即戦力人材を採用するための5つの法則

エピローグ　「しあわせ」に働く人が増えれば、よりよい社会になる

第1章

中小企業こそ「新卒」を採用しなさい

組織を成長させたいならば、人材の「品質」にこだわる

サービスの品質が悪いうえに、人材の品質が悪いようでは未来はない

組織の成長に何よりも重要なのは、優秀な人材の採用に尽きます。特に中小企業は、「入ってくれれば誰でもいい」と採用人数を重視するあまりに、人材の品質にこだわらない傾向が強いです。

品質というと語弊があるかもしれませんが、「御社にとって即戦力となり、ひいては幹部候補になる素質」がある人材を採用するために、厳しい目で判断して欲しいと

いう意味で、あえてこの言葉を使っています。

いまは圧倒的な売り手市場ですから、「エントリーしてくれて、入社してくれれば、それだけでありがたい」と考える会社が増える一方です。

しかし、会社を永続的に残し、発展する「ゴーイングコンサーン」にしたいと願うのであれば、人材の品質にとことんこだわるべきです。

一般的に、大企業は中小企業よりも、サービスの品質がよいと考えられています。これは人材の品質についても言えることです。そのような状況の中で、中小・ベンチャー企業が人材の品質に妥協してしまうと、会社の発展は実現できません。


そもそも、サービスをつくるのは「人」です。

組織を変えるには、人ありきです。つまり、会社を変える、もしくは成長させたいなら、採用から変えていくしかありません。

ちなみに、ここで「商品・製品」ではなく「サービス」にフォーカスしているのは、たとえモノがよくても、届ける人のやり方次第で結果が大きく変わるからです。

大企業に負けないモノづくりをしている中小企業ならば、なおのことです。そのような会社ほど、「サービスよりも技術」という発想が強いのですが、車の両輪と考え、サービスの力で自社の魅力を世の中に届けなければいけません。

その源泉は人でしかありませんし、仮に御社の商品力が他社に比べて劣っているのであれば、その品質を高められるのも人に他なりません。

「入ってくれれば誰でもいい」と妥協するのではなく、優秀な人材を採用すると決意し、「人材の品質」に目を向けてください。

「入口」の採用で、「品質」にこだわらないと、後が大変になる

経営者の多くは、「人は育つもの」という思いをもっています。また、入社してくれたなら、彼・彼女らを「育てたい」という気持ちになるものです。

また、そもそも中小企業は人材を選べる立場ではないと考え、「採用してから育成

する」を基本方針とする会社も非常に多いです。

しかし、この考えが、仇となる可能性があります。以下の理由から、〝優しい採用〟を行うと、大きな負担がかかってしまうのです。

1：新人が使えないと、現場から経営者にクレームが入る。自分たちが選んでいない人材なので「社長は人を見る目がない……」と批難され、経営者も現場もストレスを感じる。

2：仕事ができない人材の問題行動（ミス・クレーム・欠勤など）によって既存社員のリソースが割かれる。

「品質にこだわらない採用＝仕事ができない人の採用」とは一概には言えませんが、結果的に仕事ができない人が入社すると、現場にも経営者にもダメージが生じ、リカバリーするための余計な労力が発生してしまいます。

決して、入社後の人材育成を否定するわけではありません。

人は必ず、育ちます。

ただし、本書でお伝えしたいのは、その「育成のスピード」を圧倒的なまでに上げることです。

自社で育ちやすい性質や、ポテンシャルをもった人を採用できないと、組織づくりのブレーキになってしまいます。

そもそも、会社には「人材を育て、社員とその家族を守る責任」があります。

採用活動は結婚活動にたとえられます。実際に働いてもらい、自社にマッチングしなかったら、また別の人を採用すればいい、といった考えではなく、本来は「絶対に自社で活躍し、幸せに働いてもらえる」と本人に誓えるほどの確信をもってすべきことです。

それだけに、人材の品質にこだわり抜いて欲しいのです。

「中小企業＝人材の品質が悪い」幻想を打破するには

経営者のみなさんは、「中小企業こそ人材の品質にこだわるべきだ」という話は、納得こそすれ、実現できない課題だと感じるかもしれません。実際に、中小企業の経営者の悩みを調査した日本政策金融公庫のアンケートでも、「人材採用・育成」が第2位になっています。

では、どうして経営者は人材について悩んでいるのに、現場にストレスを与える人材を採用してしまうのでしょうか。

その理由は、単純に**「吟味していないから」**です。

多くの中小企業が、日本中の若者という広い海を見ることなく、大手に入れなかった人材を拾う――というイメージで、一部分だけを眺めた採用を行っています。

それでは優秀な人材を採用できないのも、当然のことです。

》経営上の不安要素

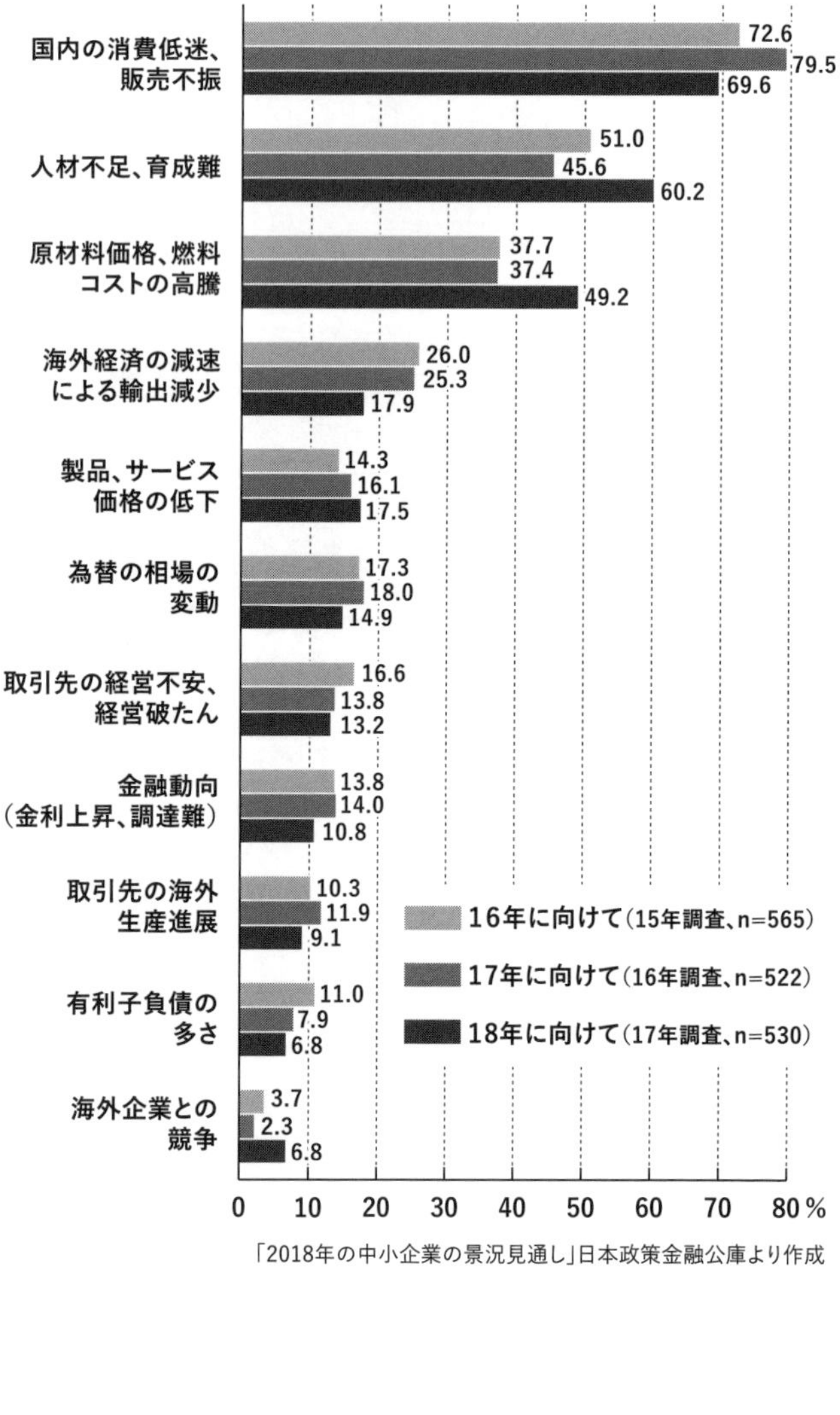

「2018年の中小企業の景況見通し」日本政策金融公庫より作成

「吟味できない」という思い込み

大企業と中小企業の採用活動には、根本的なビジョンが大きく異なります。

大企業が新卒採用を行うのは、組織の将来性を高める幹部候補たちと出会うのが目的です。自社をゴーイングコンサーンにするための活動です。

一方、多くの中小企業は「現場のオペレーションをしてくれればいい」と思いがちです。

もちろん、それも大切なことですが、見据える目線の高さには、はっきりした隔たりがあります。

ただし、採用がうまくいっていない中小企業の多くが、実際に「誰でもいい」と考え、本当に雑な採用をしているわけではありません。結果的にそうなってしまう理由があります。

中小企業の経営者も、ほとんどの方が、自社をゴーイングコンサーンにしたい、優秀な人材に入社してほしいと考えています。ところが、実際にはそんな採用活動は難しいと考え、「人材を吟味できない」と諦めてしまっているのです。

その背景には、昨今の圧倒的な売り手市場を抜きにしても、そもそも、吟味できるほどの選択肢が集まるような採用活動を経験できていないことがあげられます。これまでに新卒採用自体をやっていない中小企業も多いですし、中途採用にしてもハローワークに求人を出す程度で、なかなかいい人に出会えない、といった実例を積み重ねた結果、諦めてしまっているのです。

しかし、「どんな会社でも新卒採用を成功させられる」と考える私から見ると、問題は採用活動のやり方です。やるべきことをせずに「失敗した」と感じてしまっているように映ります。

採用活動とは、単に「人を採る」ことではありません。

「将来の幹部候補となる――」など、その前につく〝枕詞〟を考えたうえで、採用活動を実行することが必要不可欠です。

先ほどの例でいえば、**大手は「会社を大きくできる人を採る」と考え、中小は「オペレーションができる人を採る」「辞めた人の補充になる人を採る」**と考えがちです。現場の人材が本当に不足しているならよいのですが、少なくとも、会社の発展を目指した採用ビジョンとは言えません。

大手企業は売り手市場になっても数合わせの採用はしませんが、中小企業は売り手市場になると質で妥協してしまいがちなのです。

中小企業は3年かけて育ててはいられない。育成スピードが必要

「石の上にも三年」の格言のように、「新卒社員の育成期間＝最初の3年間」というイメージは未だに根強いと感じますが、これは過去の常識になりつつあります。

近年は大企業でも余裕をもって育成する時代ではなく、早い時期に活躍することを

望む傾向が強いです。中小企業ならなおさら、早期の戦力化を目指す必要があります。

そして、**育成スピードを上げるには、採用・選考の時点から育成を念頭に置く**必要があります。

なぜなら、人材には自社で成長できるタイプと、そうでないタイプがあるからです。

この本ではシンプルに「品質」と、やや直接的な言葉を用いていますが、品質のよくない人材＝出来が悪い人、と言いたいわけではありません。もちろん、能力の高さも重要です。ただ、同じくらい自社のカルチャーや、求められるスキルにフィットするかどうかが重要なのです。

たとえば、「常に紳士たれ」をスローガンとするプロ野球の読売ジャイアンツが、バットコントロールと守備に長けた内野手を求めているとしましょう。ところが、フリーエージェント（FA）宣言をした、素行不良で知られるホームラン王をついつい獲得してしまったら……。おそらく、実力はあってもうまくフィットできず、あまり活躍できないのではないでしょうか。

同じように、会社も採用活動を始める前に、「自社を発展させるために必要な人材」

「自社で活躍しやすい人材」の人物像を、明確にする必要があります。

さらに言うなら、経営者や会社も意識を変革し、採用活動に早期に着手しなければ、会社経営と育成のスピードを高めることはできません。

これまで採用活動に力を入れていなかった企業が、人材の品質にこだわった採用をするとなると、大変そうだと感じると思います。実際、楽なチャレンジではないでしょう。

しかし、それはあくまで過去との比較です。いまと未来だけを見てみたら、どうでしょうか？

東京商工リサーチの調査によると、２０１８年上半期（1～6月）の「人手不足」関連倒産は１８４件。前年同期の１６４件を上回っています。たくさんの会社が人材難に苦しんでいるわけですが、若者は減る一方ですから、今後この数字はさらに悪化していくでしょう。

いまの状況が「よい」とは言えません。しかし、さらに厳しい情勢になっていくのは火を見るより明らか。未来を考えるならば、いま動かないとなりません。新卒採用をしたことがない会社や、新卒採用は難しいとあきらめている会社こそ、いますぐにチャレンジするべきです。時間を置けば置くほど、ただでさえ簡単ではないチャレンジが、より困難なものとなります。

中小企業は新卒採用をする必要はない、新卒採用をしても人材を吟味できない、といった過去の常識を捨て、自社の発展のために、前向きに採用活動に取り組んでください。

ＡＩ時代突入のいま、企業が採るべき人材とは？

少子高齢化でますます量から質の時代へ

これからの時代に、自社に必要で、活躍できる人材像を考えるうえでは、ＡＩや技術の進化をふまえた未来予測が必須です。

現在、多くのマンパワーを割いている業務が、今後どんどん自動化されていくことが予想されます。決められた枠組みの中の作業をこなす、オペレーション人材の需要は減っていく可能性が高いです。自社の未来予想図を描き、そこに必要な人材像をイメージするには、そのような変化を織り込んでおくべきでしょう。

また、エクセルのＶＢＡ（Visual Basic for Applications）やマクロ機能など、現行の技術で自動化できる作業も多々あります。いまはそれらの技術を活用していない会社でも、代替わりが進み、社内のITリテラシーが高まれば、次第に導入が進むでしょう。仮にAIの進化を抜きにしても、おそらくオペレーションの自動化は、ますます進んでいくはずです。

この変化への対応がより期待できるのは、デジタル・ディバイド（情報格差）の少ない若者でしょう。その観点からも、新卒採用は必要不可欠だと言えます。

なくなる職業、その背景

2013年、オックスフォード大学のマイケル・A・オズボーン准教授とカール・ベネディクト・フライ研究員が発表した、『雇用の未来　コンピューター化によって仕事は失われるのか』という論文は、今後10～20年の間に、アメリカで現在人間が行っている仕事の約47％が自動化されるという内容で、大きな話題となりました。

2015年には、野村総合研究所がオズボーン氏とフライ氏との共同研究を行い、日本国内の601種類の職業について同様の確率を試算しています。その結果、労働人口の約49%が就いている職業は、AIやロボットによって代替可能との推計結果が発表されています。

》人工知能やロボット等による代替可能性が高い職業・低い職業

代替可能性の高い職業25	
一般事務員	測量士
受付係	タクシー運転手
AV・通信機器組み立て・修理工	鋳造工
駅務員	データ入力係
会計監査係員	電気通信技術者
機械木工	電車運転手
警備員	ホテル客室係
建設作業員	経理事務員
出荷発送係員	銀行窓口係
スーパー店員	セメント生産オペレーター
製パン工	レンタカー営業所員
清涼飲料ルートセールス員	生産現場事務員
	給食調理人

代替可能性の低い職業25	
アナウンサー	声楽家
アロマセラピスト	ソムリエ
医療ソーシャルワーカー	ツアーコンダクター
犬訓練士	テレビタレント
映画監督	ネイルアーティスト
エコノミスト	バーテンダー
経営コンサルタント	俳優
ゲームクリエイター	舞台演出家
外科医	保育士
コピーライター	報道カメラマン
作曲家	漫画家
雑誌編集者	ミュージシャン
小学校教員	

野村総合研究所調査より作成

この表を見ると、決して専門家以外には「想像のつかない未来」というわけではなく、AIやロボットによる代替可能性が高い職業は、いまの私たちから見ても、「確かにそうだろうな」と感じられるものが多いです。

たとえば「レンタカー営業所員」なら、すでにスマートフォン一つで可能なカーシェアリングが実現しています。たくさんの車が並べられるスペースがあれば、拡大版カーシェアリングのような無人レンタカー店は簡単に実現できそうです。

他にも、自動車運転の自動化が実現すれば、タクシー運転手などが不要になってしまう日も近そうです。

つまり、自社の未来を考えるうえでも、自動化が進み、マンパワーを必要としなくなりそうな業務は、ある程度予想がつくのではないでしょうか。表にもある「一般事務員」「受付係」「データ入力係」などは、現時点で社員やアルバイトが行っている会社も多いでしょう。

たとえ10~20年、約49%といった数字が不確かであったとしても、この代替可能性の高い職業と低い職業を確認するだけでも、自社の未来予想図を描くうえでは大いに役立つのではないでしょうか。

オペレーション人材ではなく、「創造性」「革新性」をもった人材を

自社を永続的に発展させようとするなら、たとえオペレーション業務が自動化できたとしても、常に新しい人材を求め続けなければなりません。

そして、これからの時代に求められるのは、クリエイティビティをもった人材です。創造性や革新性をもった人なら、オペレーションが自動化された社会においても、新たな付加価値を生み出すことができます。

前述のオズボーン氏も、「ロボットやコンピューターは芸術などのクリエイティブな作業には向いていない」と述べています。

オペレーションの自動化をピンチととらえるのではなく、業務を機械に任せることで、マンパワーをクリエイティブに集中させられると考え、それを実行できる体制を

整えれば、ピンチもチャンスになります。万が一、オペレーションにまだまだ手数が必要な未来が訪れても、優秀な人材を採用していれば、オペレーションを効率よくこなす局面においても、大いに力を発揮してくれます。

高い目標を掲げて損をすることなどありません。

ぜひ、みなさんもクリエイティブ人材を迎え入れ、自社が発展していくポジティブな未来を思い描いてください。

自分の頭で考え、課題解決ができる「自動巻人材」

クリエイティブ人材とは、自分の頭で考え、課題解決ができる人のことです。

どのようにクリエイティビティを発揮するかは、会社の業態や時代の変化によって変わります。そのため、「クリエイティブ人材は、こんな発明や発想ができる」という定義はできませんが、そのように考えると、採用するべき人材像も明確になります。

噛み砕くと、**「方程式を自らつくることができる人材」**と定義できます。

企業が顧客に提供できる価値の方程式を、

a（商品・製品）×b（人が届けるサービス）＝**c（価値）**

とするなら、重要なのはc＝価値です。ただし、常に同じaやb（実際にはもっと多くの要素があるはずですが、簡略化します）で変わらぬ価値を提供できるとは限りません。

優秀な料理人は、常に「美味しい！」と喜ばれる価値を提供するために、その日その日の仕入れや天候の状況に応じて、素材や調理の方法を必要に応じて変えることができます。

同じように、ただ「美味しい！」と感動し、価値という成果のみを見るのではなく、価値を生み出す式を紐解けるのがクリエイティブ人材です。

料理で言えば、温度や湿度、周りの環境などを鑑みてメニューや味付けを変える創意工夫ができる人材――変わらぬ、またはよりよい価値を提供するために、aやbといった要素を変えなければいけなくなったとき、自分の頭で考え、課題解決できる人材――なら、みなさんの会社を発展させてくれるに違いありません。

ちなみに、私自身は採用すべき人材を**「自動巻人材」**と呼んでいます。ゼンマイを巻く必要のない自動巻の時計のように、仕事をしながら、自ら求め、吸収し、考えて、行動に移せる人材という意味です。

自動巻人材は、「素直さ」と「野心」を兼ね備えています。

素直さとは、「いいものはいい」とシンプルに受け取り、感動できる心のもちようです。基本的な仕事のやり方や、ビジネスマナーといった仕事の〝型〟をつまらないものと思わず、身につけたいと素直に思える人が、長期的には独創性を発揮できるようになります。

そして野心とは、素直な心で「いいな」と感じたことを、自分でもやりたい、そしてさらに良くしたいと思う気持ちです。この思いが能動的なアクションを生み、成長に繋がります。

能動的に考え、成長を続けられる人なら、時代の変化によって求められる技術や考え方が変わっても、その流れに対応し、新たな価値を創造することができます。

また、前述したように、中小企業が新卒社員の育成に使える時間はそう多くありません。できるだけ早期の戦力化が期待できる人材を採用するべきです。その点、自動巻人材は、働きながら気になった点があったら、すぐに先輩に質問し、自分でも勉強を怠らないので、成長速度が明らかに早いです。

つまり、本格的なＡＩ時代の突入を待つまでもなく、中小企業は自動巻人材を採用するべきだと言えるでしょう。

自動巻人材の重要性と、自社が求めていることを伝えていくこと

創造性と革新性をもち合わせた自動巻人材の重要性は、企業側だけではなく、学生

側にも言えることです。

学生にとってファーストキャリアは大切です。20代で経験する仕事は、自分が成長できるように時間とエネルギーを使う「投資活動」でもあります。そのまま自身の経験値に繋がって、30代以降の人生を大きく左右する、極めて重大な決断です。

20代でオペレーション的な仕事しか経験しないまま、それまでの仕事がAIやロボットで代替可能となったとき、30〜40代から、いきなり創造性や革新性が求められる仕事に対応するのが難しいだろうことは、想像に難くありません。

つまり、企業が時代の変化に対応するべく、自動巻人材を採用することと同様に、学生にとっても、自動巻人材を求め、活躍する場を用意できる企業に就職することは、未来を大きく左右する一大事なのです。

ですから、採用活動を実践するうえでは、**自動巻人材の重要性を学生に啓蒙し、自社がAIやロボットを吹き飛ばすような人材を求めている**ことを、存分にアピールしてください。

即戦力＝中途はこれまでの常識？
新卒が即戦力になる新機軸

「即戦力＝中途」と思っていた経営者の落とし穴

中小企業は、育成にかけられる時間が少ないので、すぐ戦力になってくれる人材を採りたくなります。

そして、「即戦力なら中途採用でいい」と考えがちです。

しかし、「中途採用＝即戦力」というのは、これから時代遅れの考え方になっていくでしょう。

中途採用の人材が、社会経験もあり知識やスキルに秀でていることもあります。

ただ、それまでの会社での経験やキャリアがあるため、自身のやり方にしばられて、新たな環境にフィットできない人もいます。また、中途採用で苦労している経営者は非常に多いです。先に述べた、プロ野球のFA移籍の例のように、前職で華々しい結果を出した人が、新しい会社でうまくいかない例は少なくありません。

もちろん、中途採用の人材が全員そうだというわけではなく、確率論の話ですが、私自身は採用そのものや、会社経営の成功に、より結びつきやすいのは自らの体験からも新卒採用だと言い切れます。

その理由は、自社にフィットする人材かどうかを見極める時間の違いです。

レガシードでも、中途採用を何度も行ったことがあります。しかし、新卒採用では成功を収めている自負があるものの、以前は中途採用ではことごとく失敗してきました。

原因は、「マッチングの期間を十分にとれなかった」ことだと分析しています。中途で入社する人材は、自らの体験や実績にもとづいたスタイルを既に身につけているため、自社と相性がいいかどうか、慎重に判断する必要があります。しかし、中途採用は多くの場合、その時間を十分に確保して、慎重に判断できる採用プロセスになっていません。

一方、新卒採用なら、カルチャーとスキルが自社にフィットするかどうかを確認する期間を半年から1年はとることができます。いまは大学1年生がインターンシップに参加することも珍しくありませんので、場合によっては3年近い時間をかけて、自社の社風や取り組みを知ってもらうことも可能です。

さらに、その期間は育成にもあてられるため、中途採用の利点である経験値をインターンシップによって積ませたうえで、自社のスタイルを身につけてもらうこともできるのです。

弊社もいままでは、中途採用においても、一定期間インターンシップで就業体験をしてもらい、自社で能力を発揮できる人材であるかを見極めています。中途採用も、新卒採用同様に、焦らずマッチングの期間を確保することをお勧めします。

「トレードよりもドラフト」の発想が必要

日本には約400万もの会社があると言われますが、個人会社や家族経営を除く、社員を雇っている250万社のうち、新卒採用を行っている会社は、多く見積もってもわずか4%、約10万社ほどしかありません。ちなみに大手就職サイト「リクナビ」の企業掲載社数は3万社（2019年卒向けサイト）を超えています。

そのため、新卒採用の重要性を説かれても、あまり想像がつかない方もいるかもしれませんが、この話をスポーツに変えて、「トレードよりもドラフト」なら、どうでしょうか。

長期的視点に立って人事戦略を考えてみると、引き抜き中心のチームと、生え抜きの新人育成中心のチームなら、後者のほうが中小企業にとってはいいチームになりそうだと思いませんか？

もちろん、「ドラフト＝新卒採用重視」ならなんでもいい、というわけではなく、優秀な若者を見極める力と、好素材を成長させられる育成体制は必要不可欠です。ただし、それを踏まえても、「引き抜き＝中途採用中心」のチーム戦略のほうが、より不確定要素が大きいと私は考えます。

まずもって、中途採用の場合、自社に必要な人材が市場に出ているとは限りません。それに、優秀な人材が市場に出ていたとしても、その獲得競争はプロ野球でいえば金銭トレードやFA移籍で、条件面での勝負になります。そうなると中小が大手に勝つのは難しいです。

しかし、新卒採用ならば、中小企業でも優秀な人材を採れる（その根拠は本書でお伝えしていきます）うえに、真に自社が必要とする人材を見極め、適材適所の採用を計画的に行うことができます。

私たち中小企業が参考にするべきは、プロ野球の広島東洋カープの戦略です。

カープは数年単位の獲得・育成の計画表を作成しており、「数年後には外野手の層が薄くなりそうだ」といったポイントを明確にして、そこに当てはまる人材をドラフトで指名しています。

本当に必要だと確信する補強ポイントであるため、運任せにならない単独指名の一本釣りが多いのも特徴です。2017年のドラフト会議では、競合によるくじ引きが濃厚と見られていた中村奨成選手を1位指名していますが、中村選手が本当に必要な素材だという確信があり、なおかつ現在の陣容なら、くじ引きに失敗してもダメージが少なく、ドラフト全体で見れば十分な補強ができる、といった見極めが的確になされていたのではないでしょうか。

お金を注ぎ込んで即戦力補強、というイメージの強い外国人選手すらも、ドミニカ共和国のカープアカデミーから自前での育成を試み、これまでFA宣言を行った選手を獲得したことがなく、トレードも滅多なことでは行わない――。

いまや日本でも指折りの人気球団となったカープですが、その華々しい成功も含めて、規模や知名度で劣る中小企業がロールモデルとするべき存在だと思います。

ちなみに、私は昔から広島カープファンです（笑）。

野球選手のスカウト（青田買い）発想が必要

繰り返しになりますが、大企業が内定を出すような優秀な人材を、中小企業が採用することは不可能ではありません。

ただし、様々な努力や工夫をすることが大前提となります。**なかでも、早いうちから学生にアプローチすることが重要です。**

マイナビの調査では、大企業にのみ入社したいと考える学生は約30%。中小企業でも「働きたい」と思う優秀な人材は、みなさんが思うよりもたくさんいます。「入社予定先企業を選択したポイント」を見ると、1位は「自分が成長できる環境がある」、2位は「福利厚生制度が充実している」です。安定志向の時代と思われがちですが、学生が入社を決めるポイントの1位は、常に自分の成長です

≫ 大手志向か中小志向か？

現在の活動の中心は

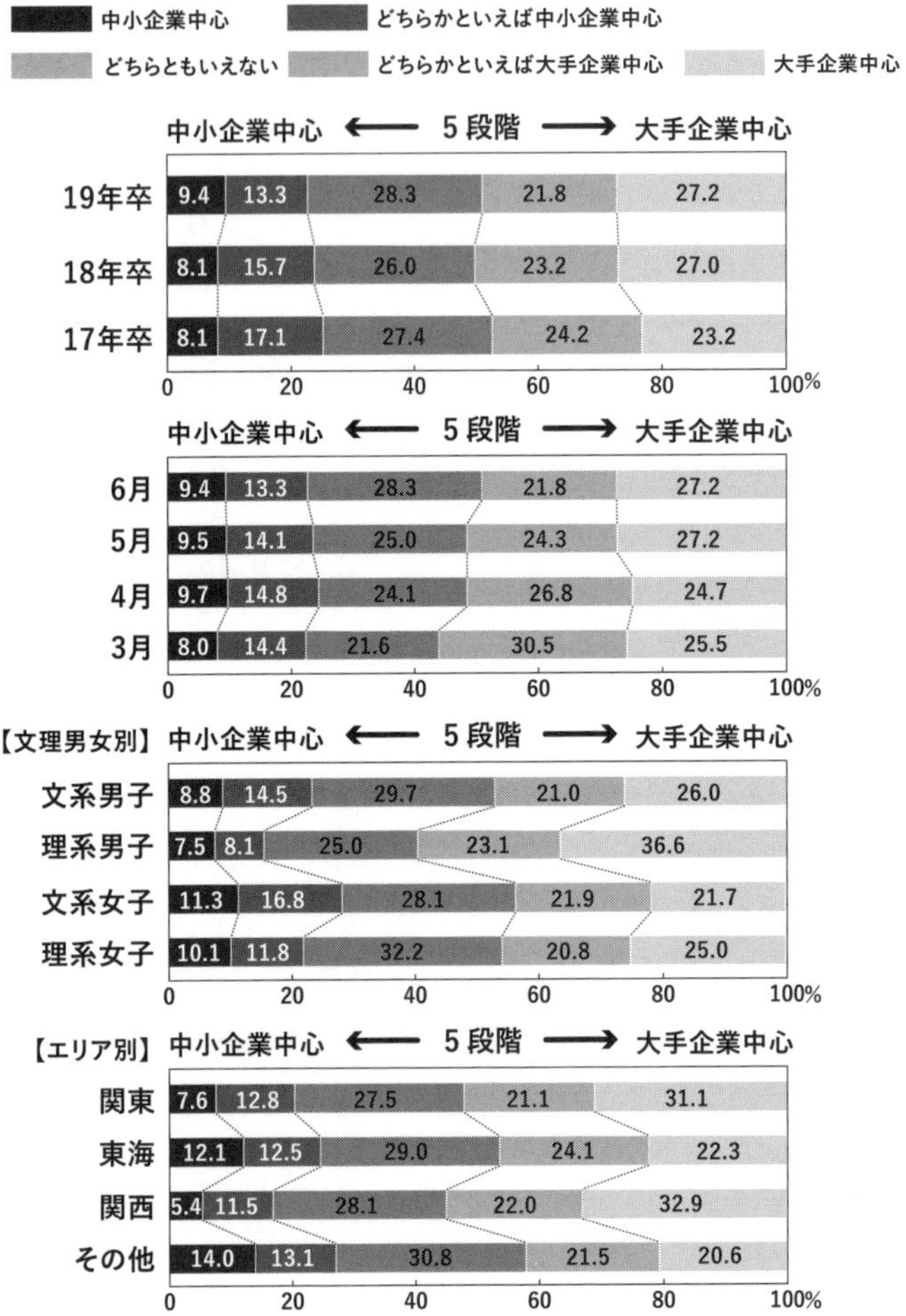

2019年卒マイナビ学生就職モニター調査「6月の活動状況」より作成

（福利厚生は気にしなくてよい、という話ではなく、どちらも大切ですが）。

新卒採用なら、前田健太選手や大谷翔平選手クラスの、ドラフト1位レベルの獲得を、大企業と同じ土俵で選考し、採用することができます。中途採用では、金銭面メインの条件勝負ですから、同じ土俵に立つのは難しいです。

同じマイナビの調査では、当初考えていた第一志望に入社した学生は約35％、3人に2人は就活中に入社する会社を変えています。最初は滑り止めと考えられていた中小企業が、本命になることも十二分に考えられるのです。実際にレガシードにも、リクルートをはじめ大手有名企業からの内定を得ながら、入社してくれた社員がいます。ただし、最初は滑り止め扱いでも、彼・彼女らの選択肢に含まれるには、まずはその視界に入らなければなりません。

大企業以外にも魅力的な中小企業があることを知ってもらうには、こちらから働きかける必要があります。

私が幼少期野球をやっていたため、野球のたとえが多くなってしまい恐縮ですが、ここでも参考になるのがプロ野球のシステムです。

各球団のスカウトは、惚れ込んだ人材がいたら何度も視察し、学校にも足を運びます。実際に触れ合う回数が多ければ多いほど、時間が長ければ長いほど、人材の見極めが適切にできますし、相手の印象もよくなります。前田健太選手を獲得したカープの担当スカウトは、ドラフト会議の年、数え切れないほどPL学園に足を運んだそうです。

レガシードも、学生のみなさんと触れ合う機会を積極的に設けています。

一般的な就職活動が始まった後の、合同説明会のようなイベント以外にも、学生団体が主催するイベントなどに参加し、1・2年生も含めた学生に出会える機会を得ようと努めています。

学生と企業の架け橋となる未来型キャリアフェスティバル「東京リクルートフェスティバル」、毎年夏に全国から100名の学生を集め、7泊8日の合宿型ビジネスコンテストを開催している「Business Contest KING（キング）」、全国や地方自治体の政策コンテストを開催する学生団体「ドットジェイピー」、大学生を対象に政策立案コンテストを主催する学生団体「GEIL（ガイル）」、海外インターンシッププログラムを提案する学生団体「アイセック・ジャパン」など、意欲的な学生が1年生から参加する団体にアプローチしたり、イベントに出展するなどしています。レガシードのセミナーを大学内で実施させていただくこともあります。

優秀な人材の多くは、意外なほどに金銭面等の条件よりも、やりがいや一緒に働く既存社員の人柄を重視します。そのため、このような機会を増やしていくことができれば、中小企業でも選択肢に入ることができます。

次ページのマイナビの調査の「入社予定先企業を選択したポイント」に、おもしろいデータがあります。ここでは、「企業を選ぶとき注目するポイント」も合わせてヒアリングされているのですが、入社予定先を決めた理由の9位に、17・0％でランクインしている「社員が親身に対応してくれる」は、企業選びの時点では9・7％しかありません。その他と比べても、企業選びと入社予定先の選択で、最も大きく伸びたポイントです。

ちなみに、現在のカープの隆盛の立役者である苑田《その だ》聡彦《とし ひこ》スカウト統括部長は、現役

》入社予定先企業を選択したポイントと企業を選ぶときに注目するポイント

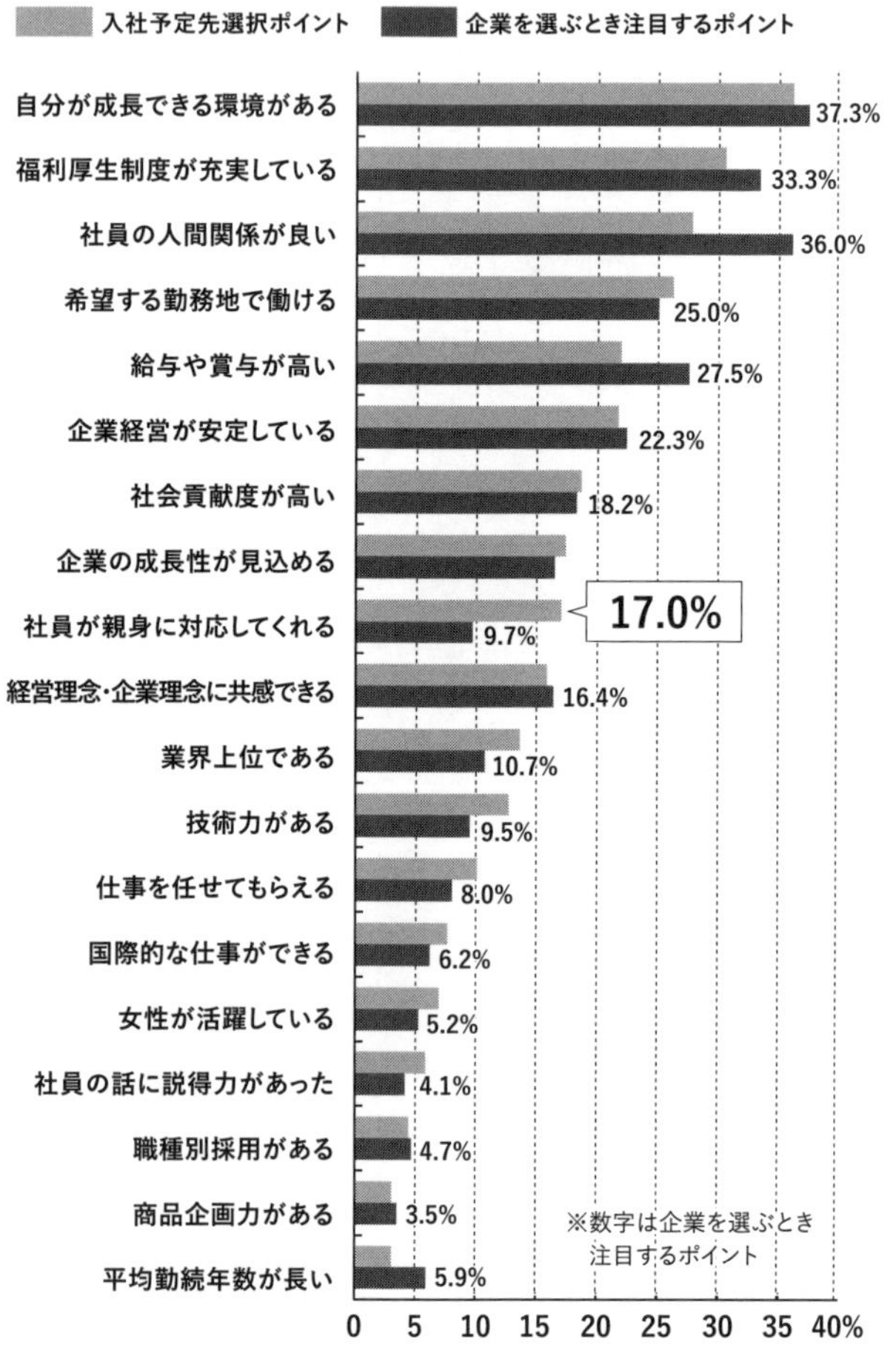

2019年卒マイナビ学生就職モニター調査「6月の活動状況」より作成

時代もカープに所属していました。有望な高校球児であった苑田氏は、他球団からの誘いも受けており、条件面ではカープは一番低かったそうです。奇しくも、そんな苑田氏が入団を決意した理由は、「担当スカウトの熱心さ」であったそうです。

ただし、このような意識改革と、具体的な仕掛けは、できる限り早く行う必要があります。なぜなら、今後はこのような試みが、どんどん増えていくと予想されるからです。

近頃は、この傾向をキャッチして、リクルーター（OB・OG訪問のような機会を待たずに、社員から学生に直接アプローチする役割）制度を導入したり、全社一丸となって採用活動を行う企業が増えています。

たとえば、レシピサイトで有名なクックパッドは、採用担当者が大学に出向いて、出張インターンを開催する取り組みを始めています。先進的な企業は、もはや待つ時代ではなく、こちらから会いに行く時代であることを理解し、順次対策を行っていくことでしょう。

知名度が高く、条件もいい有名企業が、このような取り組みを行うことが当たり前になってしまうと、中小企業が同様の取り組みをしても、インパクトが弱くなってしまいます。それほど条件を意識しない学生でも、環境や同僚の人柄に同じくらいの魅力を感じる企業同士であれば、条件で決める可能性も高くなります。

そうなる前に、現場にどんどんスカウトに行く、攻めの採用活動を行いましょう。

大手就職情報サイト「リクナビ」の掲載企業数は、この6年間で5倍になっています。待っているだけで見つけられる可能性が、それだけ減っているかもしれないのですから、一緒に働く既存社員の魅力を知ってもらうには、こちらから会いに行くしかありません。

海外の就活と日本の就活の違い（リクナビ・マイナビの罠）

ここ数年で、就職活動の内容やツールが激変しています。優秀な人材の新卒採用を狙うなら、学生の最新の動向や考え方を知っておく必要があります。

そのうえで参考になるのは、海外の最新の動向です。ITなど、最新の分野では、アメリカが日本の10年先を行っていると言われますが、就職活動もマクロな視点で見れば、一理あると感じます。ただ、ミクロな視点で見れば、その限りではありません。インターネットが容易に国境を飛び越える現代、トップクラスの人材の行動や考え方は驚くほど一致します。

つまり、日本の優秀な学生の多くは、従来定番とされていた就活をしていないのです。

海外で際立って特徴的なのは、就活を始める時期です。

近年は日本でも、経団連が就活解禁と定めている時期（20年卒の大学生なら3年生の3月に説明会解禁）よりも早く動き出す学生が増えていますが、欧米の学生はより自由です。

決まった時期など関係なく、本人の意思で働きたいと思う企業を探して連絡をします。チャンスを得られたら、大学を休学してインターンシップに参加することも珍しくありません。

そして日本でも、大学1年生から気になる企業を探し、インターンシップなどに参加する学生が年々増えています。

それどころか、今年は弊社のインターンにエントリーする高校生まで現れました。イベントでレガシードのことを知り、長期インターンシップに参加したいと説明会に来てくれたのです。正直、これは私も驚きました。前項でプロ野球のシステムを参考にすべきと書きましたが、今後は大学のみならず、高校や中学校にもアプローチするべきだという啓示を与えてくれた出来事でした。

もう1つの特徴は、企業の探し方です。

これまでの定番の就活の枠外にいる学生は、「リクナビ」や「マイナビ」といった大手就職情報サイトではなく、シンプルにグーグル検索で探します。先進的な学生だけを採用したいと考え、リクナビやマイナビには登録していない企業も昨今では少なくありません。

弊社がコンサルティングをする場合、クライアントが初めて新卒採用をする中小企業なら、知ってもらう入り口として、情報サイトへの登録自体はお勧めしますが、その場合も最も安価なプランにしてもらうようにしています。そのうえで、求人広告にさらに使えるお金があるなら、検索エンジンのSEO対策と、自社の採用サイトを、アクセスした人に興味をもってもらえる内容やデザインにする工夫をしたほうがよいとお伝えしています。

就活観の変化・情報の多さ

近年の就活観の変化は目覚ましいものがあり、中小企業が新卒採用を行ううえでは、その流れを踏まえておかなければなりません。

「従来の定番」ではない就活の代表例は、大学1・2年生から動き出し、気になる企業でインターンやアルバイトとして働くことです。現在レガシードで働いている喜井君も、長期実践型の有給インターンを探すことのできる募集情報サイト「キャリアバイト」で弊社を知り、インターンシップに募集してくれたことが入社のきっかけでした。裏を返せば、新卒採用を成功させるには、学生を受け入れるインターンシップの仕組みを準備しておく必要がある、ということでもあります。

このように、1・2年生のうちから動き出す学生が増えているのは、アクセスできる情報があまりに多いからだと思います。

学生起業で成功した人のストーリーや、大学や新卒採用そのものを否定する著名人の発言等に簡単にアクセスでき、海外を含めた選択肢も増え続けている現在、意識の高い学生にとっては、自らの将来を決める就職について、説明会が解禁される時期まで何もせずにいるほうがおかしいという感覚があるのではないでしょうか。

学生の就活データ

ここまでにご紹介した傾向は、当然ながら私の印象だけでなく、データの裏付けがあるものばかりです。

たとえば、64ページ掲載のマイナビの調査（２０１８年3月発表）によると、２０１９年卒予定の学生のうち、インターンシップに参加したことがある人は78・7％で、一人平均4社参加していることも見てとれます。

また、２０２０年春卒業予定の大学生・大学院生においては、１・２年生次にすでにインターンシップを経験しているのは9・8％、調査が行われた18年6月の時点での経験者は18・8％というデータもあります。

逆にいえば、１・２年生のうちからインターンシップに申し込み、参加をしている学生の多くは自動巻人材がもつ能動性を備えている可能性が高いです。

≫ インターンシップの実施状況

インターンシップの応募経験率と参加率（文理男女別）

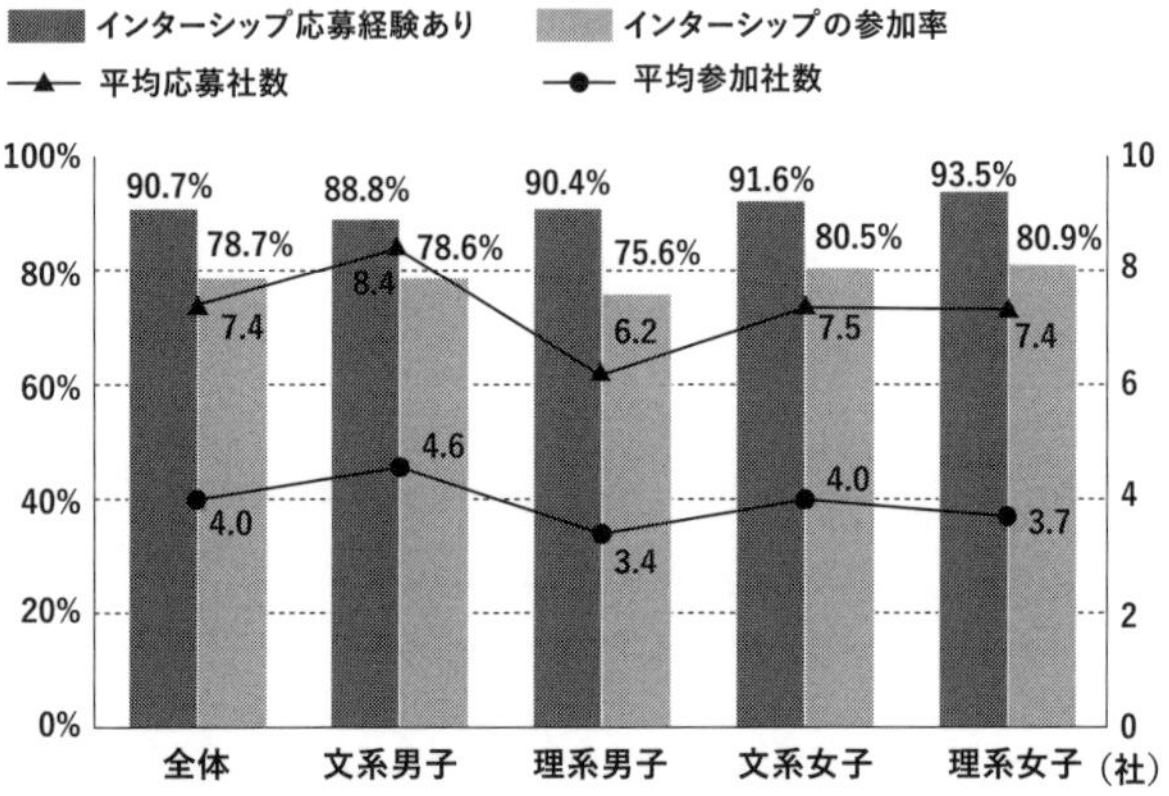

インターンシップ参加率と平均参加社数

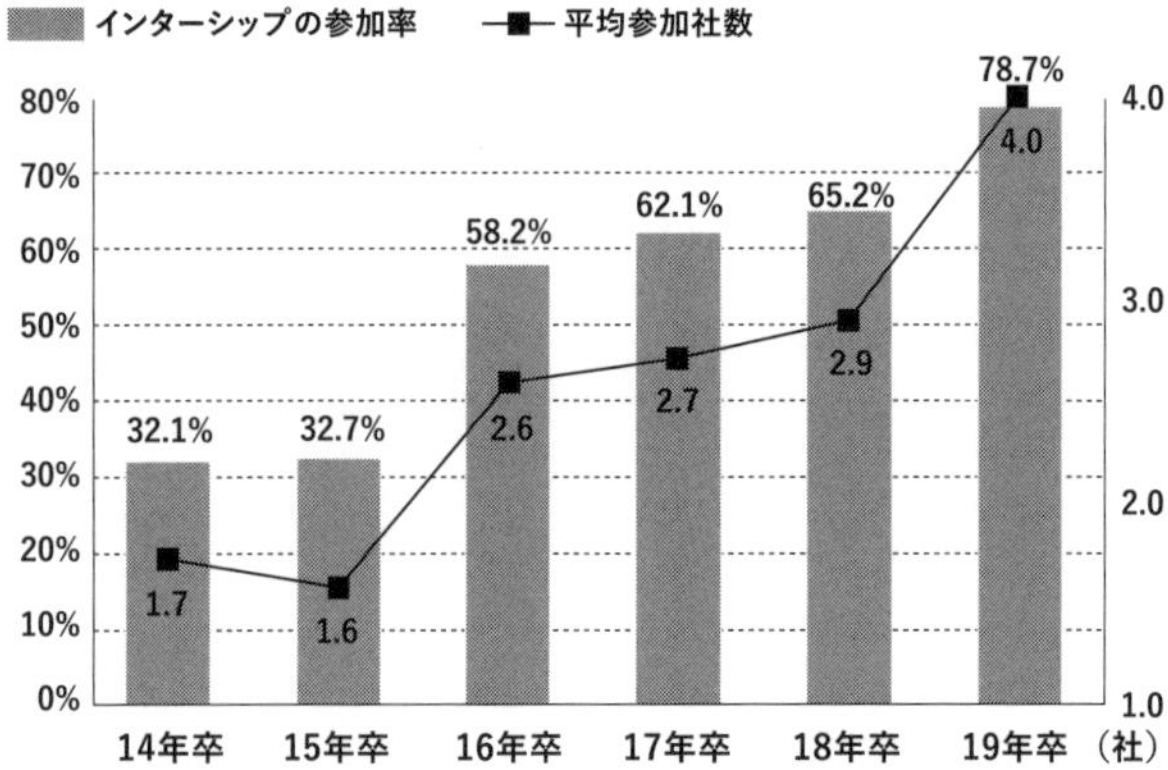

2019年卒 マイナビ大学生広報活動開始前の活動調査より作成

就職活動の早期化とインターンシップ重視の傾向

この最新の動向をキャッチしているのは、当然ながら優秀な学生だけではありません。

新卒採用の戦略をしっかりと練っている企業は、この就職活動の早期化と、インターンシップ重視の傾向を理解して、それに対応する体制を整えています。

経団連の就活解禁時期は、2019年卒と20年卒で変わりませんが、この線引きは、あくまで「お願い」という形。早めに動き出す理由があると感じる企業が、そこに足並みを合わせるとは限りません。「キャリタス就活」などの就職情報サイトを運営するディスコの調査では、3割の企業が20年卒の新卒採用では、活動開始時期を早めると答えています。

さらに、2018年9月には、経団連の中西宏明会長が、21年卒の学生の採用活動に関し、会員各社を対象とする、就活解禁時期等の「採用選考に関する指針」を廃止する意向を記者会見で表明しています。この意向を受けて、日本私立大学団体連合会は廃止に反対する声明を出していましたが、プロローグでも触れたように、10月には会長・副会長会議で廃止が決定しました。

この一連のニュースは、これまでの常識が変わろうとしていることを、新たな新卒採用の潮流を知らなかった経営者にも、知らしめる効果があったのではないでしょうか。

インターンシップについても、サイバーエージェントの新卒社員の5～6割がインターンシップ経験者だそうです（2018年7月15日付・日本経済新聞の記事「超青田買い、学生は戦力　長期インターン広がる」より）。同記事は、長期インターンシップを通年で実施する企業の増加を紹介しており、ある企業の採用担当者は、1日型のインターンシップでは、仕事を理解することはできず、ミスマッチが起こると述べています。裏を返せば、長期インターンシップを制度化している企業の多くは、意識の高い学生のトレンドを把握し、就活解禁前から自社を知ってもらう場が必要不可欠だと理解しているわけです。この波に乗り遅れてはなりません。ちなみに、海外では短期のプログラムはエクスターンシップと言われ、採用にはあまり直結しないものとされています。

リアルな体験情報が大事な時代

中小企業が学生にアプローチするうえで、絶対に外せないポイントが「体験」をしてもらうことです。

次ページの表は、前述のマイナビの調査で、「興味のあるインターンシップの内容」という質問に対する学生の回答をまとめたものです。

5～6割の学生が、「同行体験型」「職場見学型」「ロールプレイング型」と、気になる企業の内実に触れられるプログラムへの興味を示しています。

この傾向は、当然のことだと言えます。

》興味のあるインターンシップの内容（複数選択）

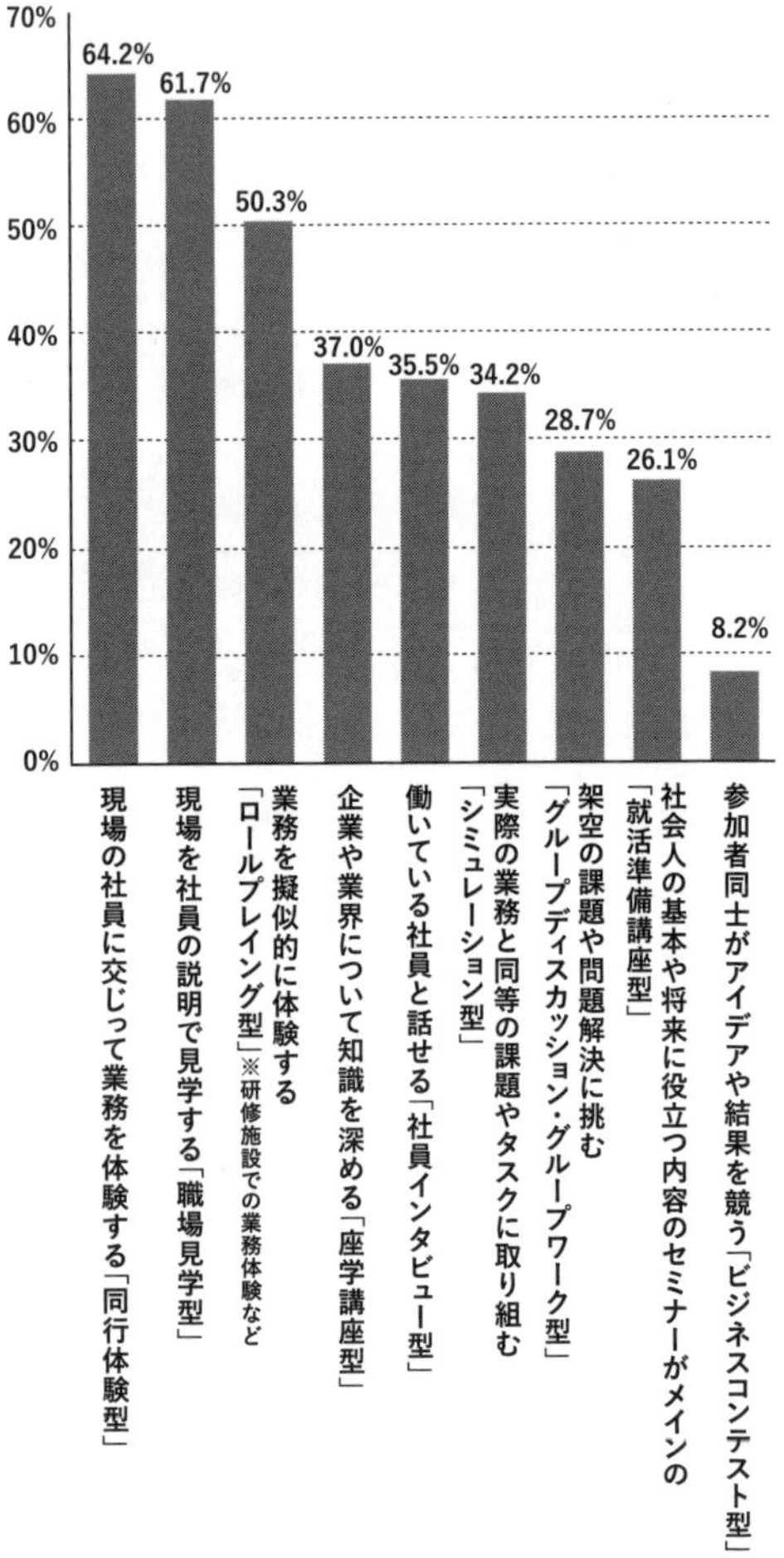

2020年卒マイナビ大学生インターンシップ前の意識調査

文字情報は爆発的に増えている現在ですが、体験情報はそれほどではありません。

そして、この時代においても、さすがにネット情報だけで入社とはなりません。

少ない文字情報と自分のイメージ、そして体験情報と言えるのは、せいぜいＯＢ・

ＯＧの話くらいしかなかった時代ならともかく、いまはインターンシップなどで、リアルな体験情報を自ら得られます。

まだまだ選択肢は限られるとはいえ、そんな方法があるのに、就職という人生の一大事を、文字情報だけで決めたいと思う学生は少数派でしょう。だからこそ、９割以上もの学生が何かしらのインターンシップに応募しているわけです。

企業側としても、短絡的に「インターンシップをすればいい」と思わずに、「いい体験」を学生にもち帰ってもらえる内容を考えなければなりません。

また、学生が体験情報を得られる機会は、インターンシップだけではありません。単に自社の情報を伝えるだけの内容――前ページの表でいうなら「座学講座型」――になりがちな会社説明会も、工夫次第で学生を魅了できる「体験型イベント」にできます。

中小企業が、新卒採用で大企業と優秀な人材の採用を競うには、この体験の重みが必要不可欠です。逆に言えば、ここで違いを生み出せなければ、勝ち目はありません。

御社が新卒採用にチャレンジされるなら、特に注力していただきたいポイントです。

新卒社員が即戦力で活躍している会社の共通点

プロローグでお伝えしたように、「即戦力は中途採用」という思い込みを覆す新卒社員はたくさんいます。ただし、「新卒採用で即戦力」の実現は、ただ新卒採用をするだけで叶うものではありません。そんな新しい常識を打ち立てつつある会社に共通する取り組みを紹介します。

1. 早期マーケティング

まず、大学3年生の3月1日に、就職情報サイトがオープンすると同時に、マーケティングを始めるという発想を捨てることです。

特に中小企業の場合、多くの学生がリクナビやマイナビで企業探しを始める前に、自社を知ってもらう必要があります。

そのためには、大学1・2年生にアプローチできる施策を打つ必要があります。大学1・2年生が参加できるインターンシップはその最たるものです。

ただ、今後はインターンシップを導入する企業も確実に増えていきます。そうなると、キャリアバイトのようなサイトの検索でも埋もれてしまいかねません。ですから、インターンシップ以外にも、1・2年生のうちに始動している学生にアプローチできるとよいでしょう。

また、すでに述べたように、その道筋をつくれるアイデアがあるなら、大学生といわず、高校生、中学生にもアプローチしたいところです。高校や中学校のキャリアの授業で話をするのも効果的です。

なぜなら、人は知らないことはイメージできませんし、その職業や仕事について早く知れば知るほど、イメージを育て、広げることができるからです。

警察官やパイロットのような仕事なら、普通に社会生活をしているだけで、ある程度の想像もできます。しかし、弊社のような人事コンサルティングや、たとえば機械製造のような仕事ですと、積極的に情報発信しなければ、その仕事内容ややりがいを知ってもらうことはできません。

一般的な採用活動を行う企業が動き出す前に、様々な施策を打つのは簡単なことではありませんが、そうやって目立ち、知ってもらうことの重要性を思えば、絶対に外せない取り組みです。

2. 長期インターンシップ

学生の人気も高まっている3か月以上の長期インターンシップは、企業側にとってもメリットが大きく、ぜひとも導入すべき施策です。

長い期間自社で働いてもらえば、会社もカルチャーフィットとスキルフィットの見極めができますし、学生としても情報不足による不幸なミスマッチを避けられます。

何より、学生が様々な状況で、どのように考え、行動するか、長期間にわたって見れるのがよいところです。

大切なのは、社内のいい部分だけを見せようとせず、欠けている部分を隠さないことです。

そうしなければ、ミスマッチによる早期退職を予防できません。これは会社のためでもあります。欠けているところも承知のうえで「入社したい」と思ってくれる人は、自社のカルチャーに真にフィットした人材といえるからです。また、インターンで実務経験を積む中で育成でき、戦力になっていくのです。

また、先ほどマイナビの調査結果を紹介したように、多くの学生がインターンシップに興味をもちながらも、早くから行動に移している人は多くありません。そのため、現時点では行動力を備えた優秀な人材に出会いやすいと考えられます。

3. 内定期間の育成プログラム

ただし、いきなり現場に配属するようなやり方ではなく、社内で内定者を育成するためのプログラムをつくることから始めましょう。

たとえドラフト1位レベルの人材を採ることができても、それだけで「即戦力の新卒社員」とはなりません。そのような好素材を、入社前に育成することで、4月1日の入社日から活躍してもらうことができます。

ところが、ほとんどの企業は内定期間中、学生を放っておいてしまうのです。もちろん、最後の学生生活を謳歌してもらう発想が間違っているとは思いません。内定者の希望が残りの学生生活をゆっくり堪能することで、自社も即戦力化を求めていないのであれば問題ありません。

ただ、優秀な人材の多くは「成長したい」という欲求を強くもっています。即戦力の新卒社員を抱える企業は、そんな人材のニーズをしっかり汲み取り、入社前の育成を可能とする体制を整えています。

そもそも、学生の大半はアルバイトをしています。そうであれば、入社する企業で早くから働いて、力をつけたほうが学生にとってもプラスです。参加してもしなくてもよいが、取り組んだ分だけ内定者が得になるような内容で、彼・彼女らが参加したいと思えるプログラムにすることが大切です。

4．ＯＪＴとＯＦＦ‐ＪＴ

内定者を育成するうえで必要不可欠なのは、社員同様の負荷の高い仕事を与えることです。誰でもできることをやらせていては、新卒社員の即戦力化は果たせません。

御社が平素より社員を育成する際と同様に、実際の仕事現場で、上司や先輩が業務を通じた指導を行うＯＪＴ（On-The-Job Training）と、研修など、現場以外で行われる職業外訓練であるＯＦＦ‐ＪＴ（Off-The-Job Training）を使い分け、基本的な業務と、社内言語やビジネスマナーをしっかり学ばせてください。

優秀な学生に出会えたら、「大切な人材だから無理をさせないようにしなければ」と考える経営者は多いです。しかし、それは間違いで、内定辞退を生む原因にもなりかねません。簡単に得た内定ほど、簡単に辞退されてしまうのです。

ちなみに、入社が確実そうな学生であっても同様です。五月病が起こるのは、学生から社会人に移行して、その変化の激しさに戸惑うからです。学生のうちに社会人生活に慣れてもらうことで、入社後の離職率を減らすことができます。

5. 年功序列ではない人事評価制度

これは、全ての企業に共通するものではありません。ただ、今後重要なポイントになってくることは間違いないでしょう。

いま、一律初任給の制度を撤廃している企業が増えています。

たとえば、2018年1月、サイバーエージェントは一律だった初任給制度を撤廃し、能力別の給与体系に変更しています。インターンシップで活躍すれば、初年度の年俸が上がるシステムです。

同年4月にはメルカリも新しい人事制度を発表しています。全社員が関わるものですが、内定者の場合、入社までの間に、インターンシップや大学の研究でスキルを身につけたと評価されれば、初任給が上がるようになっています。

弊社でも、入社前に身につけてほしいスキルを明文化・リスト化して、その達成度に応じて初任給を変えるシステムを導入しています。また、社員の人事評価制度をもとにして内定者も目標設定しています。

入社前にインターンとして働くことは、たとえ学生がそれを望んでいたとしても、本人にとって楽しいことばかりとは限りません。大変なこともあれば、学業との両立に苦労することもあるでしょう。自分の成長のために貴重な時間を割いてくれた人材には、大きなリターンがあってしかるべきです。

もちろん、初任給だけではなく、入社後も年齢に関係なく、活躍に応じて評価される制度にしなければいけません。そのような体制を準備しなければ、優秀な人材を思うように働かせることはできません。

将来的には、これも当たり前の常識になると思いますが、いまのうちに着手することで、優秀な人材の耳目《じもく》を集める差別化のポイントとなります。

大企業は、初任給はある程度高くても、その後の昇給には弾力性がなく、ある程度は年齢に応じたものになりがちです。しかし、中小企業なら、経営者が本気でさえあれば可能な改革です。若くても、活躍に応じてどんどん昇給できる制度を確立できれば、やりがいを求める優秀な人材にアピールしやすくなることは間違いありません。

当然ながら、制度設計の際には既存社員との折衝が必要になりますが、既存社員も活躍すれば給料が上がるなら、基本的には歓迎されるはずです。

もしかしたら、それが嫌だと感じる人がいるかもしれません。ただ、厳しい物言いになりますが、そのような社員は、自社の発展のため、優秀な人材を招き入れようとする、組織の新しいステージについていけない人であるのではないでしょうか。本当に自社を変え、発展させたいという思いがあるなら、反対意見に耳を傾けている時間はないと私は考えます。

ダーウィンが言ったとされる、「最も強い者が生き残るのではなく、最も賢い者が生き延びるのでもない。唯一生き残ることが出来るのは、変化できる者である」という言葉があります。実際には、『種の起源』などの著作にこのような描写はないそうなのですが、誰が言ったにせよ、素晴らしい名言だと思います。厳しい言い方かもしれませんが、成長や変化に対応できない社員が居づらくなるような環境をつくることが、組織の成長に繫がるのではないでしょうか。

新卒採用を導入して変わることは何か？【事例】

実際に中小企業を経営されている方や、採用担当者の方は、ここまでお読みいただき、どのように思われたでしょうか。

もしかしたら、書かれていることに納得ができても、自社で新卒採用をすることで、どれだけの変化が起こるのか、また、本当に即戦力人材を採用できるのか、といったことがリアルに想像できない方もいるかもしれません。

そこで、ここでは私たちが採用支援をしている企業の方々に、新卒採用の効果について伺ったインタビューの内容を掲載します。

新卒採用が既存社員を変えた

株式会社タカジョウグループ

会社概要

【社名】株式会社タカジョウグループ
【代表】長井正樹（ながい・まさき）
【設立】１９６９年６月
【資本金】５０００万円
【所在地】大阪府高槻市（本社）
【従業員】８７０名（２０１８年10月時点、パート含む）
【事業内容】ビルメンナンス事業、
機密書類出張シュレッダーサービス事業、
介護用品レンタル事業、障がい者就労支援事業

●グループの繋がりをつくりたかった

私は三代目社長で、創業者、二代目と積極的な新卒採用はしたことがなく、中途採用がほとんどでした。

先輩経営者の方々から「新卒採用をすると、会社が変わる」と聞いていましたが、私たちの業種、ましてや、中小企業では無理だと決めつけていたのです。

しかし、20年後の未来を真剣に考えたとき、実行するしかないと踏み切りました。

弊社には、4つのグループ会社がありますが、社員のつながりはほとんどなく、このままでは、次の代に変わったときに、各社がバラバラになってしまうと感じたからです。

●グループ全体に生まれた一体感

この本のテーマである即戦力人材の育成については、新卒採用を始めたばかりで事例が少ないのですが、既存社員に大きな変化が起きました。

いま、新卒採用をやって本当によかったと感じています。

その変化は、募集を出す前から起こりました。コンサルタントとの度重なるミーティングで、グループ4社の事業は違っても、共通しているのは、「目の前のお客様に尽くし、生きがいを生み出していること」に社員が気づいたのです。

そして、この共通する働き方を表現する「生きがいクリエイター」という言葉が生み出されました。

その瞬間にグループがひとつになれるビジョンが可視化され、グループの一体感が生まれ始めたのでした。

●既存社員を成長させた採用活動

いままで、採用活動は各社ごとの実施でしたが、新卒採用活動はグループ全体で臨みました。

他のグループ会社の事業説明会や現場見学など、各社員が自社以外の仕事、そこで働く人たちのことを深く知り、敬意と絆が育まれました。同時に、学生に他グループよりアピールするため、挨拶や身だしなみから、プレゼン技術の向上まで切磋琢磨して成長したのです。

現場のパート社員が採用活動に直接関わった効果も、大きかったです。

学生からの質問に、仕事のやりがいやサービス内容などを言葉にして伝えることで、各人が自分たちの仕事の意義、自社で働き続けている理由を思い出す機会にもなりました。

おかげさまで素晴らしい若者たちと出会い、入社していただくことができました。そして、新入社員ががむしゃらに働く姿を見て、先輩たちも「負けていられない！」と燃えているようです。

全社員が、これからグループを成長させていく、大きな力になってくれるでしょう。

レガシードさんからも、「新卒採用は会社全体を変えます」と伺ってはいたのですが、既存社員の意識に、これほど大きな影響が出るとは、思ってもみないことでした。

人を育てられるリーダーは、「若きに学ぶ」

株式会社トモノカイ

会社概要

【社名】株式会社トモノカイ
【代表】徳岡 臣紀（とくおか・しげき）
【設立】２０００年（創業：１９９２年）
【資本金】１７１０万円
【所在地】東京都渋谷区（本社）
【従業員】63名（２０１８年10月時点）
【事業内容】学生メディア事業、家庭教師紹介事業、教員・塾講師求人広告事業、留学生支援事業、学習デザイン事業教員・塾講師求人広告事業、留学生支援事業、学習デザイン事業

●中途採用では満足できる結果が出なかった

中途採用を行い、誰もが知る大企業に勤めていた方に来ていただいたこともあったのですが、当社が求める人材に出会うのは難しいと常に感じていました。不安もありましたが、それならば、若い方々の可能性を開き、世の中のためにもなると考え、２０１６年度から新卒採用を始めて今年で３期目になります。採用人数も年々増え、売上もこの３年で

12億2000万円（2015年度）から18億円（2018年度）に拡大するなど、成果は着実に出ています。

●難易度の高い課題が学生を成長させる

レガシードに採用支援をお願いして、特に腑に落ちたのが「選考の段階から育成が始まっている」という考え方です。学生のみなさんも貴重な時間で来てくださっているのだから、「選考のための選考」ではなく、全ての参加者が学びを得られる選考にするべきだと感じました。

グループワークや個人ワークに進んでも、「アイデア出し会」的な企画をする会社が多いと思うのですが、私たちは、『マイケル・ポーターの競争戦略』のエッセンシャル版を課題図書とし、実際に事業計画を作成してもらうなど、実践的で難易度の高いワークにしています。その計画に対するフィードバックも、「もっといいアイデアはない？」といったなおざりなものではなく、「これは本当に実行できる計画になっていませんね」といった厳しい指摘をします。このような厳しい選考が新卒＝即戦力に繋がっているのかもしれません。

●即戦力の新卒社員は当たり前

当社は学生任意団体として始まっているので、学生スタッフが現場で、経営に近い仕事に直接参画するのは普通のことです。さらに育成を意識した選考を行えば、新卒社員が即戦力として活躍するのは、普通のことだと思っています。

ただ、忘れてはいけないのが、経営者の努力です。若者に即戦力としての活躍を求めるなら、経営者や役員が率先して、学びによって問題を解決し、成長する姿を見せなければいけません。また、若者の考えを尊重できない者がいるようなら、その考えを社内から払拭する必要があります。私はシンギュラリティ大学※で、イノベーションが起きない会社の特徴は「若きに学べないこと」だと学び、これを肝に銘じています。さらに弊社は、全社員が受ける画一的な研修は最小限にして、一人ひとりの特徴に合ったオーダーメイドの研修を行っています。優秀な新卒社員たちが、のびのびと活躍できる環境をつくるのも、経営者の仕事ではないでしょうか。

※2008年に未来学者、発明家で人工知能研究の世界的権威として知られるレイ・カーツワイルとフォーチュ

ン誌の「世界で最も偉大なリーダー50人」の1人としても選ばれる起業家ピーター・ディアマンディスにより、米国・シリコンバレーで設立された教育機関。

新卒採用は継続させてこそ。10年続けてわかったこと
株式会社BMU（自然共生ホールディングス）

会社概要

【社名】株式会社BMU（自然共生ホールディングス）
【代表】光本 教秀（みつもと・のりひで）
【設立】2001年
【資本金】1000万円
【所在地】岡山県岡山市（本社）
【従業員】114名（グループ140名）（2018年10月時点）
【事業内容】エステティック事業、ブライダルエステティック事業、結婚相談者事業、学習塾、保育園事業

●新卒採用を再開させたきっかけ

2008年から新卒採用を本格的に始め、10年継続しています。それ以前にも一度チャ

レンジし、説明会に思ったよりも人が集まらず諦めた過去があるのですが、2007年に近藤さんの講演を聞く機会があり、「同い年でこんな凄い人がいるのか」と驚き、「この人のコンサルティングを受けたい」と思い、採用支援の依頼をしました。

●新卒採用は、とにかく続けなければ意味がない

新卒採用は当然、楽ではありません。費用もかかります。それでも、もしチャレンジするならば、何より継続させることです。困難な施策なだけに続けることで、他社との差別化が自然と図れると感じています。

新卒採用3年目に驚きの成果も出ました。入社1年目から年間5000万円売り上げる新入社員が現れ、これまでの積み重ねは無駄ではなかったと確信しました。

また、毎年、近藤さんのアドバイスを咀嚼しながら、必ず幹部らと話し合い、BMUなりのやり方を考え抜いて、自社ならではの戦略まで落とし込んでいます。即戦力人材の育成法としては、当社のフィロソフィー（100項目）を毎日読んでもらう、100日間自分を育てるために何か（掃除、自分を褒めるなど）を続けてもらうという〝100日満願〟、「情

熱女塾」「ダイエット塾」と題した独自の切り口の勉強会などに取り組んできました。現在は、より実践を意識して、インターン期間中にトリートメントや美容についてヌーヴェルエステティックアカデミーと連携して学んでもらう、美容コンテストに挑戦してもらうなどの施策を行っています。

その結果、入社後すぐに活躍する人材も確実に増えています。とはいえ、新卒社員が育つには3年はかかるものとも覚悟しています。逆に言えば、だからこそ継続して、新卒採用を続けなければ、と思っています。

●人が育ち、ファンが増える選考を

当然ながら、単に続ければいい、というものではありません。

当社の選考は、「人が育つ」ことを強く意識しています。何百名集まっていただいても、採用できるのは10数名です。その他の方にも「BMUの選考に参加してよかった」と思っていただきたいのです。これは、近藤さん流の即戦力人材育成の一環であるとともに、当社を知っていただき、好きになっていただくための取り組みにもなります。単なる新卒採用ではなく、参加してよかったと思われる採用活動ができれば、特にＢｔｏＣの事業を行う企業には大きな効果が期待できます。私たちも、選考に参加していただき、その後当社のお客様になっていただいた方がいます。

また、新卒採用は、経営者や幹部、既存社員が成長する、もっともよい方法です。どんな人材を採用し、どう育てるか。どんな募集要項なら学生の心に響くのか、といったことを本気で考え抜く機会を社全体で考えることは、大きな成長を促します。

第2章

即戦力になる素材の見極め方

素材が合わなければ、いくら調理しても美味しくならない

採用する人材の質を妥協することは未来を妥協すること

2章では、中小企業を成長させる、優秀な人材の見極め方をお伝えします。

1章冒頭でも述べたように、人材の品質は、組織が提供する商品やサービスの品質を決めるものです。したがって、絶対に妥協してはいけません。

新卒採用を行うとき、目標を採用人数に設定してしまう企業が多いです。しかし、納得できる若者と出会えなければ、**誰も採用しない**、というレベルの覚悟で臨むべきです。

優秀な人材を採用するには、自社の未来のビジョンを描き、そのビジョンの実現に、どんな人材が必要かを徹底的に考え抜く必要がありますが、ターゲットの人材像を明確にしても、マッチングしない人を採用すると、ビジョンの具現化は叶いません。

繰り返しになりますが、これは能力の大小に限った話ではありません。どれだけ美味しかろうと、天然氷のかき氷店がA５和牛を仕入れる理由はありません。本当に必要だと確信できる人材を採るための、妥協なき採用活動を目指してください。

大学の偏差値に踊らされない、見るなら高校の偏差値

私自身は、自社が本当に欲しい人材かどうかの見極めには、偏差値や学歴などの文字情報は、それほど意味をなさないと考えています。

実際にレガシードの場合、私は選考が最終段階に進むまで、履歴書を見ることはし

ません。また、見るときも、書いてある内容はあまり気にせず、字の丁寧さなど、書き方を確認します。もちろん、その前段階で採用担当者は履歴書を見ていますが、大学名で足切りをするような基準は設けていません。

とはいえ、学校の勉強ができる能力と、仕事で発揮できる能力が完全に一致しない、というわけではありません。偏差値や学歴が、ある程度の保証を与えてくれるのも事実です。

ただ、選考基準として学校や学部を見るのであれば、大学や専門学校ではなく、高校をチェックするのがお勧めです。

高校の入試は5教科です。つまり、偏差値の高い高校に入った人は、パラレル思考に優れ、できる限り好き嫌いをせず、全教科の勉強をがんばった人材である可能性が高いのです。

社会人は一芸よりも、総合力や、複数の案件を同時に進める能力が求められるケースが多いと思います。

ところが、近年は大学への入学方法も様々です。また、非常にレベルの高い難関校に受験で入っていても、試験科目が少ない学部であることもあります。

レガシードの場合、人事コンサルタントには、特に全方位的な発想や同時処理能力が求められることが多いため、たとえば英語だけが強くて超一流私学に合格した人よりも、多少偏差値が下がっても、複数教科の入試で国公立大学に合格した人のほうが、どちらかといえば適性があるかもしれない……と私は考えます。

英語が得意で超一流私学に合格した人が、他の科目にも秀でていて、社会人として必要な能力を余すところなく備えている可能性ももちろんありますが、そのような全方位的能力や教養を推測するうえでも、高校や大学入試の内容をチェックすることをお勧めします。

大学を見ることも大切ですが、その名前や偏差値だけに引きずられてしまうと、その人の真の魅力に気づけないまま終わってしまうかもしれません。ただし、当然ながら、製薬会社等の研究職などは、どの大学や院で、どんな研究をしてきたかが重要になります。

エントリーシートに惑わされず、行動特性を見る

前項で、私は履歴書を見るにしても、確認するのは字の丁寧さなど、書き方であると述べました。これはエントリーシートなどでも同様で、書かれている自己PRの内容は気にしません。読者のみなさんも、たとえば「コミュニケーション能力が高い」と書かれていたとして、それだけで「そうか」と納得することはないでしょう。実際に応募者と会って、見て、判断するよりほかないのです。

そして、実際に彼・彼女らを見るとき、エントリーシートに書いてある内容を、行動特性として判断できる採用プロセスを設計しなければなりません。

たとえばレガシードの採用プロセスには、応募者でチームを組み、2・3日かけて一緒に作業してもらうプログラムがあります。プログラムの最後に、メンバー同士、お互いを評価し合ってもらうのですが、その仲間たちにコミュニケーション能力が高

いと認められれば、本物だといえるでしょう。

また、みなさんが特に気になる人材がいるときは、経営者や採用チームのリーダーに１日同行してもらうのもいいと思います。時間に対する意識、事前の準備、気づかいのできる人かどうかといった点が、よくわかります。

仕事以外でも、食事やカラオケに誘い、注文のタイミング、焼き魚などの食べ方、選曲や歌い方、聴き方などを見るのもお勧めです。それらも立派な、人間を映す鏡となります。

成長する素材がもっている「５つの共通点」

近年、レガシードでは、本書でお伝えしている、自社を成長させるために必要な即戦力人材の新卒採用に成功する流れができており、弊社がお手伝いして新卒採用に成功した事例も枚挙に暇がありません。ここでは、そんな即戦力の新卒社員たちを見て、共通すると感じる5つのポイントを紹介します。

1．流されず、動機をもって生きているか

成長する人は、「なぜ働くのか」「なぜこの会社を選んだのか」という明確な動機をもっています。先輩や上司に敬意を持って、守破離の〝守〟を大切にする素直さがありながらも、他人に流されない強固な芯があるのです。

そのような人材は、「人生をよりよいものにしたい」という大きな目標を達成するための手段が、「いまの会社で働くこと」であるという強い確信をもっているため、意欲的に働くことができます。

大切なのは、自分なりに意味を見出し、行動に移すことです。おもしろい仕事、やりがいのある仕事が存在するのではなく、自分でおもしろさを見出し、やりがいのあるものにできるかどうかが重要です。いまの取り組みと、自分のありたい姿を重ね合わせ、常識論や人の考えではなく、自分でポジティブな価値を見出し、言語化できる人は成長します。

2. 苦労や逆境を乗り越えた経験があるか

歴史上の偉人や、偉大な功績を残した人物の多くは大きな挫折を経験しているものですが、ビジネスパーソンも、若いうちに失敗をどんどんしておくべきだと思います。新卒社員の早期退職が減らないのも、「学校」という枠組みでソツなく上手にふるまってきた人が、「会社」という枠組みや「社会」の中でつまずいたとき、慣れない失敗に大きなダメージを受けてしまうという側面もあるではないでしょうか。

また、「失敗は成功の母」という考えや、打たれ強さを身につけるため、といった意味合いを抜きにしても、今後は成功体験と同じくらい、そのような挫折や失敗の経験が評価されるようになると考えます。

逆境を乗り越えた経験のない人は、全てにおいて勝ち続けた人を除けば、失敗を恐れ、挑戦を避けてきた可能性が高いです。

挑戦を避け、大きなダメージを負うことなく、うまくやることも１つの能力ですが、ＡＩがシンギュラリティ（技術的特異点）に到達する未来には、そぐわないものだと思います。

そんな時代が訪れたなら、私たちはこれまで以上に、人間にしかできない新しい仕事を見つけるため、試行錯誤し、トライアンドエラーを繰り返す必要に迫られます。そのときに新しい価値を生み出せるのは、挑戦を避けてきた人ではなく、失敗を恐れず何度も挑戦し、挫折してもその都度、立ち上がってきた経験をもつ人であるはずです。

3．自己肯定感が高いか

自己肯定感（自分を認め、尊重し、信じる力）が高い人は、成長が早いと感じます。日本の教育のよくない点ですが、周りと比較され続け、自己肯定感をもつことのできない若者は少なくありません。そんな中で、自分のことが好きだと言え、自身に自信をもっている人材は貴重です。

自己肯定感の高い人材は、自分を成長させるためなら、少々の苦労を厭わず、仕事に打ち込める傾向があります。コンプレックスをバネに成功した人物はたくさんいますし、全員に当てはまることではないと思いますが、割合としては多いと感じます。

「自分はできる」と思っている人と、「できないかもしれない」と思っている人とでは、成果が変わります。後者は、やる前からできない理由を考えたり、できなかったときの予防線を張ろうとしてしまいます。

能力は高いのに、自己肯定感があまりないと見える人は、私の見る限り、逸材だと感じていた人物であっても、どこかで成長が鈍化してしまうことが多い気がしています。他の人なら「大したことはない」と思うくらいの失敗で「自分なんて……」と感じ、モチベーションが下がってしまうのかもしれません。

このような考え方は、親の子どもに対する接し方や関わり方など、環境の影響が大きく、変えるにはかなりのエネルギーがかかります。「自分はやればできる人間だ」と思える人を採用しましょう。

4. 親を尊敬しているか

学生たちの家庭環境や親を見ると、その人そのものが見えるような感覚があります。

レガシードは社員のご家族も大切な仲間と考え、私が実際にご挨拶できる機会も定期的に設けているのですが、成長が早い人は、親御さんに対する尊敬の念が強いと感じます。

親を尊敬できる環境にある人は、自己肯定感を育みながら成長してきた可能性が高いように思います。1章でも触れた広島カープの苑田スカウトは、いまよりもルールが緩く、球団関係者が選手の家を直接訪問できた時代には、母親や祖母と話して、選手の性格を見極めていたそうです。

私の経験上でも、親を批判したり、親との関係がよくない人は、仕事の中で〝陰〟のエネルギーを出したり、「やる」と言ったことをやらないことが多いと感じます。親を尊敬している人は、自分はともかく、親や家族まで悪く思われたくない、という心理から、そのような態度や仕事をしてはいけない、という自制心が働くのかもしれません。

採用プロセスの中で、応募者本人だけでなく、親御さんと面談できる機会を設ける、というのも、一つのアイデアとして考えられると思います。

5. 素直さと感謝の心をもっているか

育った環境も重要ですが、当然ながら、何よりも大切なのは本人です。本人を見ていて、素直さと感謝の心が見受けられれば、それが何よりです。

たとえば不幸にも、親を早くに失った人や、育児放棄をする親の元に生まれた人もいます。そんな人が、新しい環境下で就活をするまでに成長し、自らの身の上を恨むことなく、親代わりとなって面倒を見てくれた存在への感謝をもっていたら、私は最大限の評価をするでしょう。

ですから、この1〜5は、あくまでも判断の基準の一つと考えてください。私自身、細かい情報は気にせずに、直感に従うことがままあります。

話を戻しましょう。なぜ、素直さと感謝の心が大切なのかと言うと、自己中心的な考え方の人には、チャンスがやって来なくなるからです。自分以外の人の立場で考えることができ、周囲の助けやその存在を当たり前だと思わず、常に感謝の心を抱きながら、前向きな取り組みができる人の前にチャンスはやってきます。「チャンスを掴める人」ではなく、「目の前にチャンスを降らせることができる人」を採りましょう。

新卒人材は、鮮度が命

こうした共通点は、優秀な新卒社員たちを見て、後から感じた要素です。優秀な人材は引く手あまた。もたもたしている暇はありません。まずは鮮度が命と考え、気になる人材がいたら、即アプローチしましょう。

また、見極めという点では、直感でわかることも多いと感じます。当社のオフィス1日開放型会社説明会「オープンカンパニー」では、私が参加者の方にお話をする「TOP LIVE」というプログラムがあります。私は、このTOP LIVE中に、参加者の目の輝きや肯定的なエネルギーの放出をチェックして、気になる人がいたら、スタッフに言って、社内の食事会に誘うように指示します。

これまで5万人以上の学生と関わったことで備わった観察眼かもしれませんが、直感も評価に加えることで、キラリと光る人材にはスピーディーにアプローチできるように心がけています。

ただし、エンジニアなどの技術職なら、ファーストインプレッションだけでなくスキルなどの確認に時間をかける場合もあると思います。御社の業務内容や、ターゲット人材像によっては、拙速《せっそく》を尊《とうと》ぶよりも、巧遅《こうち》が勝ることもあるかもしれません。

素材の良し悪しを見極める選抜方法

ピッチャーとキャッチャーの採用は観点が違う

経営者や採用担当者は、人材の見極め方を考える前に、自社が本当に必要とする人材像を明確にすることから始めてください。ピッチャーをより求める球団と、キャッチャーをより求める球団なら、人材を評価するポイントも変わります。

「また野球の話か」「そんなのは当たり前だ」と思われるかもしれませんが、中小企業の採用活動では、この〝当たり前〟があまり意識されていません。私が経営者や採用担当者に、採用したい人材像を尋ねても、多くの場合、「明るい人」「素直な人」等の曖昧な答えしか返ってこないのです。

明るいことや、素直なことが悪いとは思いません。

しかし、「採用してから育てる」のではなく、本当に必要な人材を採用し、即戦力化するには、もっと具体的な要件の定義が必要です。現場がいいキャッチャーを欲しがっているのに、いいピッチャーになりそうな素材ばかりをチェックしていては、たとえその見極めが適切であっても、組織の成長には貢献できません。

ですから、まずは採用ターゲットの人材像を明確化し、社内で共有できるように言語化しなければなりません。

見るポイントを決めるブレイクダウン法

採用ターゲットの人材像は、できる限り簡単な言葉を用いて、「求める人材像」の解像度を上げていく必要があります。最も必要なのが優秀なピッチャーだとしても、速球派や技巧派、先発や抑えなど、ピッチャーにも様々な能力や役割があります。

まず入社後1年～3年で行う業務とつくり出してもらいたい成果を明確にします。

そのうえで、その成果をつくる際の困難な状況を明確にし、その困難を乗り越えられる人材像を考えます。

「それはどんな人？」↓
「その人はどんな行動や発言をする？」↓
「その行動はどんな選考をすれば見られる？」
とブレイクダウンしていくことで、自社に合った選抜方法をつくることができます。

レガシードを例に説明します。

私たちは、左にあげた5つの要件をもった人材を採用すると決めています。

まずは、「どんな人を採用したい？」の「どんな」の部分を、他者が見てもイメージを共有できる言葉で定義します。

「明るさ」といっても元気といったり笑顔が素敵といったり、人それぞれです。なので我々の会社として明るさとは何かを言語定義する必要があります。たとえば、当社の場合、採用基準の①「ポジティブ」なら、私たちの言語定義においては「前向きで明るいエネルギーを周囲に放出できる人」となります。

次に、定義した能力を備えた人材の、行動特性を考えます。

すでに述べたように、私はエントリーシートの記載や、発言などの自己申告を見極めの材料にはしません。最も嘘をつくのが難しい、「行動」で判断します。私は、弊社が求める「ポジティブ」な人材なら、こんな行動をと

≫ レガシードの5つの採用基準

①ポジティブ
②当事者意識
③愛
④感性
⑤プロフェッショナルイズム

Ex:　①ポジティブの場合なら、

【言語定義】　前向きで明るいエネルギーを周囲に放出できる人

【行動特性】　明るい表情・態度で立ち振る舞える。

るだろうと考えました。

○明るい表情・態度で振る舞える
○場の活気や人の元気を創造できる
○肯定的で建設的な意見を言える
○どうやったらできるかを考えられる
○自分だけではなく、人の行動を喚起できる

そして最後に、選考課題例を考えます。

行動特性まで定義できれば、人材像はかなり明確になっています。しかし依然として、「私は明るい表情と態度で、立ち振る舞うことができます」と言葉で自己申告できる形でもあります。そこで、実際の行動で確認できる課題が求められます。レガシードにおける「ポジティブ」を見るための課題は、以下のようになっています。

○会議やミーティングの場の表情や姿勢、言動を確認する
○議論が停滞したり迷走したりした際の、発言や影響力を確認する
○日報のコメントを確認する

みなさんも、自社の欲しい人材像を、選考課題例までブレイクダウンしてみてください。

また、この作業は、採用プロセスを考えるうえでも欠かせません。たとえば、日報のチェックが必要な行動特性は、インターンシップやアルバイトでの雇用期間がない会社ですと、入社後にしかチェックできません。選考課題例まで明確にしておくことで、インターンシップの導入といった、そのような場合の対策も含む採用プロセスの設計が可能となるのです。

「言行一致」を見抜く行動選抜法

就職活動において、自分のことを悪くいう学生などまずいません。言行一致なら自社にとって最高の人材でも、ことごとくが言行不一致である可能性も否定できません。前項で紹介したように、言行不一致であったことに気づくのが入社後……となってでは遅すぎです。採用プロセスのあらゆる局面において、インターンシップなど、行動で人材の見極めができる機会を意識的に設けてください。ここでは、私たちも積極的に行っている、様々な行動特性を見られる選抜方法を5つ紹介します。

1．課題を与える

自分のことを「粘り強いです」という学生は多いです。しかし、課題を与えてみると、ちっともそうではないこともよくあります。他にも、協調性を見るために、初対面の人とチームになって取り組むものにするなど、課題の内容を工夫することで様々な行動特性を確認できます。

2. 同行させる

経営者や現場の仕事に同行させることで、事前の準備をどれくらいしているか、時間に対する感覚などがわかります。また、野心と能力をもつ人材なら、ただの同席者に留まることなく、何か参画しようと発言するなど、積極的なアクションが見られるでしょう。

3. 食事を一緒にとる

気づかいや観察力などがわかります。また、私が注目するのが質問の多さです。成長する人材は、こちらから話を振るまでもなく、次の機会をよりよいものとするために、その日の仕事について、どんどん質問をしてくるものです。

4. 日報を書かせる

時間に対する成果、生産性に対する意識や、一日の状況の中でどんな観点でどこまで気づける力があるかも見ることができます。

5. 自分を語らせる

自分という人間が、どのように生まれてきて、どのように育ったのかを、10～20分くらいで話してもらうと、人間性や、話の論理力がわかります。入社後すぐに活躍する人は、魅力的な話をする可能性が高いです。最終面接などで尋ねる会社は多いのですが、レガシードでは日常的に語ってもらうようにしています。また、インターン生には自分史ムービーもつくってもらいます。社内で各人の人となりを共有できる効果もあります。

即戦力になるスピードにも違いがある

チャンスが現れる前に準備ができているか

自社が望む要件を満たす、成長が期待できそうな人材を複数採用できたとしても、その成長するスピードは人それぞれです。

そして、成長が早い人材には、共通するポイントがいくつかあります。これから、そのポイントを紹介していきますので、見極めのヒントになさってください。また、後天的な努力で身につくところも多いので、学生に積極的に伝えていくことで、育成にも役立つでしょう。

1つめは、業務時間外の過ごし方です。

成長する人材は、自己鍛錬の習慣をもっており、こちらが何か指示するまでもなく、自分で考え、自分を伸ばすための見えない努力を惜しみません。

1日が24時間であることは誰にも変えられないので、周囲に差をつけるには、自由に使える時間で自己鍛錬を重ねるしかありません。同じくらい優秀な新人たちに、業務時間内に同じような仕事を与えたら、同じような成果が出るはずです。しかし、その中で一人だけ、自宅や通勤中の勉強や練習量が図抜けている人がいたら、少しずつ差ができ、開いていくでしょう。

私が見る限りでも、成長が早い人は、朝早く出社して勉強していたり、読書家であったり、伸びる人には伸びるだけの理由があると感じます。

そして、これもほとんどの人には「見えない」ところでの努力ですが、就業時間内の時間の使い方も上手な人が多いです。

仮に、早出や残業、自宅などでの勉強を禁止しても、就業時間に得た経験を、より自分の血肉とすることができる人と、そうでない人がいます。詳しくは次項で説明しますが、伸びる人は、先輩に指導をもらえるようにうまくアプローチするなどして、質の高い学びを得ています。

2つめは、志の高さです。

このような成長するスピードの違いは、志の有無や、その高さによって現れます。志は1章でも大切だと述べた、「野心」と言い換えられるでしょう。

志をもちながら仕事をしている人は、常に上を見ており、その角度も急です。角度が低い人は、必然的に目指す天井が低くなってしまいがちです。

高い志をもつ、特に見どころのある人材は、自己鍛錬の時間の使い方にも違いが出ます。彼・彼女らは、目指す高みに近づくために必要な行動を、常に逆算して考えています。そのため、いま直面する取り組みについての勉強だけでなく、将来挑むことになるだろう課題への準備も先んじて行っているのです。

私が前の会社で行っていたセミナーで、あるとき、後輩に講師役をいきなり任せたことがあります。すると、その彼は想像以上に完璧にこなしてくれました。まったくフォローを必要としないそのパフォーマンスに驚き、いろいろと質問してみると、「毎日通勤中に近藤さんの音声を聴いていて、本も6回以上読んでいて」と言うのです。私がいる限り、セミナーの仕事ではサポート役……と考えずに、「いつかは自分も講師をやる日が来る」とイメージして、そのための準備をしていたわけです。

このような人材は、経営者が自社の未来のビジョンを描き、そこに到達するために必要な複数のステージを一歩一歩上がっていくように、自らの未来と、そこですることをしっかりと想像し、日頃から準備をしているのです。

準備を強制することはできませんが、こうした習慣を自然に促していくことで、即戦力人材の成長のスピードを、さらに早めることが期待できます。

また、経営者としても、そんな見えない努力に目を凝らし、適切な評価をしたいところです。

守破離の〝守〟を倍速で身につける人の特徴

独創性を発揮するためにこそ、守破離の〝守〟が重要です。

人事コンサルティングの場合、ビジネス・コンサルティングの基本、最初に起こすべきアクション、ビジネスマナーなどが〝守〟にあたります。

よく言われる、「入社から3年が育成期間」というのは、各社・各業務においての〝守〟を3年かけて教える、という意味でしょう。「即戦力の新卒社員」というと、守破離の〝離〟まで到達した人と思われることもあるのですが、私自身も「守をきっちり押さえている人材」という意味で用いています。

守を凄いスピードで身につけていく人材は、①「質問力」、②「時間合わせ力」、③「TTP力」の3つの力を備えています。

まず、質問の質が群を抜いて高いです。これが「質問力」です。既に述べたように、質問の回数自体も多いです。質問力を備えた人は、「あのとき、どうしてこうされたのですか？」といった質問をいちいちしています。行動の背後にある考え方を知ろうとするのです。

守は、手取り足取り教わるのは数回程度で、基本的には「見て学べ」となる分野です。ただし、行動だけを見るよりも、その背後にある考え方を理解したうえで見るほうが、深い学びが得られることは間違いありません。実際に、質問の質が高く、回数も多い人材は、おしなべて成長が早いです。

とはいえ、あえて「いちいち」と書いたように、質問というのは自分だけではなく、忙しい上司や先輩の時間をもらわなければいけません。いつ、どんなときでも、やってOKというものではありません。そこで、相手が不満を抱かない、ちょうどよいタイミングで質問できる「時間合わせ力」が必要になります。遠慮して質問できない人材は成長しません。遠慮ではなく配慮をしながら、きちんと情報を得られる人材が成長するのです。

これは、意外に侮《あなど》れません。質問をして、知りたいことがない新人などそういません。うまく空気を読めずに、質問したいのに、できずにいる人は意外に多いと感じます。

そして「ＴＴＰ力」は、「徹底的にパクる」ことです。繰り返しになりますが、独創性を発揮するにも、基本のキである〝守〟は必要不可欠です。どれだけ自分に自信があっても、いきなり自己流でやらずに、素直に先人のやり方を真似、先人の教えを守る人が、最終的には一番成長します。

優秀であるがゆえに、これができない人は少なくありません。「できたつもり」で次のステージに進んでしまい、応用が利かずに失敗してしまうのです。応用には基本が必要不可欠。そして、基本は細かいことを考えずに、まずはやってみることです。

御社の新人社員や、インターン中の学生にも、ぜひこの３つの力の重要性を伝えてください。

周りを尊重しながら、自分の道を創造できる謙虚さ

伸びる人材は、得《え》てして自信家で、要求も高いです。しかし、成長のスピードが早い人材は、上司とぶつかることなく、組織の中で上手に仕事をしています。

会社における出世は、よく階段にたとえられます。経験の浅い若者が、一つ上のステージに上がるには、それだけの力量を身につける必要があります。このステージを上がるには、「自らが成長」するか、「上のステージにいる人から引き上げてもらう」必要があります。もちろん前者は大前提ですが、後者も合わさることで、より早く階段を上がることができます。

そのためには、自分より上のステージにいる人に、「こいつと仕事がしたい」と思ってもらえる振る舞いが大切です。優秀な人材は、その重要性と、仕事は一人ではできず、自らの独創性が発揮できるステージに到達したときにこそ、チームワークが必須

となることを理解しています。

守破離の〝守〟を軽んじることなく、上司や先輩、お取引先と見解が分かれても、衝突しないで他者の意見も尊重する――。

このような折衝が巧みな人かどうかを、採用プロセスの中で見られるとなおよいでしょう。

また、優秀な人材はバランス感覚も持ち合わせていることが多いのですが、「尖《とが》った」優秀さをもつ人材を求める場合は、経営者や上司が意識的にケアしたいポイントでもあります。

社長が陥りやすい、ミスジャッジ4つの罠

一人の目で判断しない

人材の見極めは、必ず複数人数でできるようにしなければなりません。

中小企業が新卒採用を行う場合、経営者が責任者となることが少なくありません。規模的に、会社に専門の人事セクションがないことも多いです。

ただし、そんな場合でも、必ず選考プロセスにおいては、経営者以外のチェックも入るようにしてください。一人の目だけでは、どうしても余計なバイアスがかかってしまい、適切な見極めができないことがあります。

これは、個人的な経験からもそう感じますが、グーグルやアマゾンでも行っていることです。両社の採用担当者なら、見極めのレベルも並大抵のものではないはずですが、それでも複数人数で見るべきだということなのでしょう。

グーグルは、入社したら上司になる人、同僚になる人、社内に設置された、他部門のメンバーも必ず含まれる採用委員会、ＣＥＯが面接を行うそうです。同社は、採用委員会を設置すべき理由を、以下のように説明しています。

・採用プロセスにおける個々の無意識の偏見を減らすことができる
・応募者が職務に適しているか、さらに組織全体に適しているかを確認できる
・単独でレビューするよりも、すべてのフィードバックを包括的にレビューできる
・評価の調整を受けていない面接担当者や、たまたま上手くいった面接によって発生する採用プロセスにおけるばらつきをなくすことができる

一方のアマゾンは、二次面接で、最大5名の面接官がそれぞれ一対一の面接を行うようにしているそうです。この中には、「バーレイザー」とよばれる拒否権の持ち主が含まれます。文字通り採用基準のバーを引き上げる存在で、他の全員が採用したいと思っても、バーレイザーがそう思わなければ不採用となります。

一見、グーグルとは異なるアプローチにも見えますが、かといってバーレイザー一人が面接するシステムではないことが、複数人数によるチェックの重要性を物語っていると思います。

第一印象で判断しない

ここからは、人材を見極めるときに、陥りがちなバイアスの罠——グーグルがいうところの「個々の無意識の偏見」について見ていきます。

まずは、第一印象だけで判断しないことです。

前述したように、私は自分の第一印象にはそれなりに自信があるほうですが、それでも、私の鶴の一声で決定とはなりません。むしろ近年は、弊社の新卒採用のプロセスの多くを、優秀な社員たちが担ってくれるようになっているので、私が「あの子いいんじゃない？」と言っても、「近藤さん、そんなことないと思います！」とピシャリと言われることがあるほどです。

そして、繰り返し述べているように、レガシードは「行動」で見ることを重要視しています。

面接回数を増やすのではなく、最低でも数か月かけて行動を見られるようにします。そのためには、気になった人をインターンシップに誘うなど、何かしらの働きかけが必要となります。先ほど「鮮度が命」とお伝えしたのは、そのアクションを起こす早さのことです。「この人に入社して欲しい」と一目見て感じる人材がいたら、こちらからどんどんアプローチしてください。

共通点を評価しすぎない

出身地が一緒、同じ大学、同じ部活をやっていた、といった共通点だけで、人材を判断してはなりません。

レガシードでも、優秀な社員の後輩には、優秀な人材が多いと考え、大学の後輩にアプローチしてもらうことがあります。しかし、人材を見極めるうえでの、決定打にはなりません。基本的に、そのような共通点は、見極めの助けになるものであって、判断基準ではないのです。

たとえば、「粘り強く、チームで成果を出せる人材」が欲しい会社に、経営者の後輩で、練習がとにかく厳しいことで知られるラグビー部のレギュラーがエントリーしたとしましょう。

この場合、「あの部のレギュラーなら、並の粘り強さではないぞ」と判断する分にはよいのですが、これは、あくまでも「その人の粘り強さがわかった」状況です。エントリーシートや面接では見抜けない、粘り強さを秘めた人材が他にもいるかもしれません。また、粘り強さはナンバーワンだとしても、自分よりも根性のない人に苛立ってしまう性格で、インターンシップで働いてもらうと、チームワークに難があるタイプと判明するなど、他に問題が見つかる可能性もあります。

ですから、経営者や優秀な社員との共通点は、見極めの助けにはなりますが、判断の決定的な材料とはならないのです。

迷ったら絶対に採用しない

私たちが新卒採用をお手伝いしている会社には、ここまでお伝えしてきたように、自社が本当に必要とする人材像を明確に定義していただきます。結果として、採用プロセスを進めるうえで、「優秀ながら、自社の採用ターゲット像には一致しない人材」

に出会うことも少なくありません。私もよく、採用するか否か判断に迷う経営者の方から相談を受けます。

そんなとき、「レガシードが携わる以前の採用方針なら、内定が出ていた人材」とも考えられる魅力的な人材であっても、常に私は「止めたほうがいいと思います」と答えるようにしています。

これは、自らの経験から導き出した結論です。

レガシード流の新卒採用は、**「組織の最高の状態を考え、その状態と現状の差を埋められる人材を採用する」**というものです。実は、私もかつては「これだけ優秀なら、ぜひ入ってもらいたい。この人に合わせた仕事をつくればいいだろう」と考えていました。ところが、驚くほどうまくいかないのです。本気で考え抜いた自社の未来の形と、そこに合う人材像だからこそ、他にうまくいくシナリオを描くのが難しいのだと思います。

このような経験を何度も重ねたことから、「どんなに優秀な人材でも、彼・彼女らに組織を合わせない」「迷ったら採用しない」と考えるようになりました。

第3章

即戦力になる素材の調達の極意

早期インターンシップの活用術

「超青田買い」発想をもつ

優秀な人材に出会うには、まず、インターンシップの体勢を整えることから始めてください。ここでは、その重要性をあらためてお伝えするとともに、レガシードのノウハウも紹介していきます。

みなさんに意識していただきたいのは、「超青田買い」という発想です。

近年、学生の注目を集めているとはいえ、インターンシップに否定的な意見もあります。その理由は、多くの場合、「インターンに熱心に参加するあまりに、学業に支障をきたすのでは?」という心配からです。

もちろん、その心配自体は悪いことでもない、間違ったことでもないと思います。ただし、学生の多くは、既に自らの意思でアルバイトや部活などに時間を割いています。

特に、アルバイトをしている学生なら、社会人としての勉強もできるインターンシップのほうが、本人にとってもメリットがあるのではないでしょうか。レガシードに入社予定の小林君も、アルバイトをしていて「この時給の金額は、自分の1時間に見合うだけのものだろうか？」と考え、付加価値を得られるインターンシップを調べて、レガシードを見つけてくれたそうです。この発想は、多くの優秀で、野心をもった学生に共通していると感じます。

そして、彼・彼女らのような優秀な人材を超青田買いするには、ライバル企業に先んじて、インターンシップを早くから行うことが必須です。

また、「青田買い」と言うと企業側の思惑だけがクローズアップされますが、優秀な学生は挑戦や成長の場を求めています。企業として、そのような場を提供できるか、という点が重要なのではないでしょうか。

〝超〟青田買い、などと書くと過激に感じられるかもしれません。しかし、私だけが使う造語ではなく、日本経済新聞の記事でも用いられているトピックです。バブル期には青田買いよりも早い〝種もみ買い〟〝早苗《さなえ》買い〟という言葉もありました。競争が激化したことも視野に入れて、いまから準備しておくことが大切です。

いまや、限定的ながら、高校生もインターンシップに参加する時代です。今後は、高校生のインターンすら当たり前になるかもしれません。

そのような時代に対応するためには、超青田買い発想で採用プロセスを設計していかなければなりません。

早期インターン合説に出展する

「早期インターンシップ」とは、就職活動を本格的に始めた大学3年生が、夏期に参加するものを意味します。

読者のみなさんには、ゆくゆくは通年でインターンシップを導入し、優秀な大学1・2年生と常に出会うことができる体制を整えていただきたいという思いもありますが、まずはインターンシップの始めの一歩として、早期インターンシップのメリットや、導入するうえで意識していただきたいポイントをお伝えしていきます。

中小企業が早期インターンシップを実施するにも、まずは学生に会社の存在を知ってもらい、参加してもらわなければ始まりません。

すぐに着手できる施策として、まずはリクナビ・マイナビ・楽天みん就・キャリタス就活などが主催する、早期インターンシップの合同説明会に参加することから始めましょう。

参加企業を集め、自社で説明会を開催することもできますが、まずは就職情報サイト主催の合説に参加するのがベターです。出展する企業が少ない分、優秀な人材に出会える確率が高いのです。

しかし、そのためには4〜5月から、合説やインターンシップの準備をしなければなりません。ここが多くの企業の障壁となっている点であり、盲点でもあります。

それは、4〜5月というのは、前年からの新卒採用のクライマックスにあたる時期であるからです。これから初めて新卒採用に取り組む会社なら、初年度は無関係の問題ですが、2年目以降は前年度の採用を早めに終えるか、人手をかけて早期インターンシップを担当する別チームをつくるなど、意識的な対応が求められます。

「そこまでする必要があるのか?」と思われるかもしれませんが、「即戦力」採用を望む企業なら、優秀な学生にアプローチするために、ぜひともチャレンジして欲しい施策です。

なぜなら、多くの企業が本格的に動き出す8月以降の合説は、相当数の企業が出展を希望しており、抽選になってしまうからです。抽選を回避する方法もありますが、たとえばリクナビなら「去年出展し、今年も出展する企業が優先」、マイナビなら「出展料の割引は可能だが、定価を出す企業を優先」といった形で、新卒採用を始めたばかりであったり、予算に余裕がなかったりする中小企業には難しい条件になります。

そのため、絶対に合説に参加し、自社のインターンシップをアピールしたいと考えるなら、優秀な学生が集い、ライバルは少ない早期インターンシップに照準を合わせることが重要です。

長蛇の列ができる合説ブースをつくる

当然、早期インターンシップの合同説明会にエントリーできれば、それでＯＫとはなりません。学生をたくさん集め、魅了できるだけの企画を実施できて、初めて成功と言えます。

では、どんな企画をすれば、学生を集めることができるのか？

はっきり言うと、正解は各企業で異なり、一言で説明可能な答えもありません。ただ、絶対に押さえて欲しいポイントはあります。ぜひ、それを踏まえて、御社の知恵を結集し、魅力的な合説ブースをつくっていただければと思います。

最も重要なのは、「学生の立場になって考える」ことです。

大企業に比べて、知名度や規模に劣る中小企業が興味をもってもらうには、学生のためになる話や、インターンシップの内容に興味をもってもらえる話を提供する工夫が必要です。ところが、多くの企業はただただ会社の説明をするだけに留まっています。合説では、「お土産をもって帰ってもらう」という視点で、学生が得るものがあったと感じる内容にすることを意識してください。会社や事業についての詳しい説明は、インターンシップに来てもらってからすればよいのです。

そもそも、学生を魅了できる内容にしなければ、呼び込みをする社員も「ウチのブースに絶対に来たほうがいいよ！」と自信をもって呼びかけることができません。言い換えれば、学生に訴求する前に、社内で「ウチの合説は魅力的だ！」と盛り上がる内容を考えることが近道になるかもしれません。

2つめのポイントは、「体験」型のプログラムにすることです。

学生にとっては、よほど興味のある企業でもなければ、受動的に聞くだけの話は心に残りにくいものです。参加者が能動的に動くプログラムにすることで、御社の印象が強くなり、合説の内容も記憶に残りやすくなります。

仮に、会社について知ってもらうことが必須であるとしても、単に話すだけのプログラムではなく、資料を用意して学生に調べてもらったり、クイズ形式にすることで、ブースも活性化し、周囲からの注目度も上がるでしょう。

そして、3つめのポイントは、プレゼンターの選定です。

御社の中で、魅力的なプレゼンをできる人材を選定し、可能なら、業務時間内にプレゼンの練習を積めるようにしたいところです。

プレゼンターは、学生と年齢が近い（最高でも30代前半）、優秀な社員が適任です。さらに理想を言えば、男女でチームを組んでいただきたいところです。なぜなら、学生が「この会社に入ったら、この人たちみたいになれる」と、自分の未来を男女ともに想像できることが重要だからです。また、1日に約20回のプレゼンをすることになるので、体力的にも若者がベターです。

なお、合説には経営者が出たほうがいい、と考える方もいるのですが、それは間違いです。

経営者が出ることで、「トップの顔が見えて信頼がおける」などとポジティブに受け止められるケースもあるかもしれませんが、むしろ「経営者が出ないといけないくらい、人材が不足しているのか？」と邪推《じゃすい》されてしまうことが多いと私は感じています。まずは、学生にとって数年先のお手本となる、若手エース級の社員を抜擢して合説の主役に据えてください。

実はレガシードでは、インターン生にブースを運営してもらっているほどです。インターンの経験者が、インターンシップの魅力や、なぜ参加したほうがいいのか、といった理由を話してもらったほうが、参加者に対する説得力も増します。

スカウトサイトを活用する

合同説明会と合わせて活用したいのが、「OfferBox（オファーボックス）」「キミスカ」といったスカウトサイトです。従来の学生が企業にエントリーするナビサイトでなく、いまや企業から学生へとオファーする「逆求人サイト」は、学生にとって当たり前になりつつあります。

リクナビ、マイナビなどの就職情報サイトを代表とする広告型の求人は「待ち型」の施策で、学生に発見してもらわないと何も始まりません。しかし、スカウトサイトなら、「この人が欲しい」と思う学生に「攻め型」のアプローチができます。

採用ターゲットのレベルが高い企業や、理系や語学力など、求めるスキルがはっきりしている企業にとって、スカウトサイトは欠かせない時代になりつつあります。

これまでも、ある程度の条件を絞り込んで、就職情報サイトから学生にDMを送ることはできました。しかし、多数のDMを受け取っている学生にとっては、「自分のために来た」という感覚を抱きにくく、ちゃんと見てもらえないことも珍しくありませんでした。一方、スカウトサイトからの連絡は、その人を求める理由なども記載でき、思いを伝えやすく、興味をもってもらえる確率がかなり上がります。

ここで、重要となるキーワードが「運命感」です。

学生が入社を決意する理由として、運命感は意外に重要視されている要素なのです。スカウトサイトの利点として、スカウトサイトからの連絡の場合、就職情報サイトからのDMよりも、「この会社から選んでもらい、求められた」というストーリーをつくりやすい点もあげられます。

中小企業がスカウトサイトを活用する場合は、経営者からメッセージを送るのがお勧めです。実際の連絡はスタッフがするとしても、社長自らの言葉で、「なぜあなたのプロフィールを見て、スカウトしたいと思ったのか」といったメッセージを綴り、社長の名前で送ってもらうのです。

学生にとっては、たとえ知らない中小企業でも、社長直々に選んでもらったと思うと、特別な運命感を覚えるはずです。ややもすれば業務的になりがちな、大企業の採用活動とは一線を画す、中小企業ならではの強力な採用ルートになる可能性もあると思います。

また、魅力的な学生と、同じ大学や学部の社員がいるようなら、その人からメッセージを送ってもらうのもお勧めです。自分に近いバックボーンの社員がいると、活躍しやすい環境であると感じられ、「話を聞いてみようかな」と思ってもらいやすいです。レガシードでも、同じ大学の先輩社員が誘いをかけて、入社まで進んだ例があります。

そんなスカウトサイトですが、工数がかかるというデメリットもあります。

自社の採用ターゲット像に合った学生を探し、見極めをして、メッセージを送り、個別にやりとりをしなければいけないので、人事担当者にかなりの負担をかけるリスクがあります。

ただし、それを踏まえても、「こんな人材が欲しい！」というイメージがはっきりしており、特殊なスキルをピンポイントで求める企業には欠かせないツールです。

また、そのためにも、採用活動をスタートさせる前に、求める人材像を明確にすることは必要不可欠です。

とはいえ、入り口で工数はかかるものの、選んだ後は早いため、場合によってはトータルの工数を減らせる可能性もあります。特に、採用人数が少ない企業の場合は、スカウトサイトの利用だけで、学生へのアプローチがほとんど完結できることも考えられます。

インターンシップ説明会を実施する

ほとんどの企業は、合説等のファーストコンタクトから、いきなりインターンシップ本番に突入します。ここで私がお勧めしたいのが、「インターンシップ説明会」を挟むことです。

いきなり本番に入るのではなく、自社のインターンシップについて、しっかりと説明する機会を用意して、そこに来てもらうのです。

ここでも、学生の立場で考えることが重要です。いきなりインターンに入って働くよりも、その内容について詳しく知ることができ、理解を深めたうえで働けるほうが、安心できるはずです。

企業側にも、学生が安心し、のびのび働いてもらえることで、インターン本番で活躍しやすくなるメリットがあります。ファーストコンタクトからインターンシップ本番の間に、もう一度学生に接触することで、意欲や興味を持続させるフォローアップの効果も期待できます。

インターンシップ前に説明会を挟むという、ひと手間かかるプロセスをお勧めするのは、当然ながら、採用に直結するメリットがあるからです。

学生は平均で約4社のインターンシップに参加しています。マイナビの調査によると、インターンを経験した企業の選考を、まったく受けないという学生は13％しかいません。インターン生の多くは、続けて本選考も受けることが期待できるのです。

なお、インターン生の22・3％は、その企業に就職するというデータもあります。単純に考えれば、インターンシップで10名の学生を受け入れると、うち2名は入社する可能性があるということです。

また、54・1％の学生は、インターンを経験した企業と同業種に就職しています。つまり、ライバル企業に勝ち、共感してもらえれば、10名中5名の入社も夢ではありません。

そして、学生の共感を得るには、自社のことを知り、好きになってもらわなければなりません。そのためには、インターンシップ期間中を、高い満足度をもって過ごしてもらうことが必要不可欠です。

インターンシップ説明会は、インターンシップ本番が野球の試合なら、試合前の準備運動のようなものです。本来は問題なく活躍できるはずの人材が、準備不足のせいで、自社を好きになってもらえる機会を逸することのないように、ぜひとも実施していただきたいイベントです。

夏の短期インターンシップ、秋冬の長期インターンシップを併用する

インターンシップのプログラムには様々なものがありますが、大きく分けると、１dayインターンシップなどの短期インターンシップと、長期インターンシップに分類できます。また、実施する時期は、夏・秋・冬の3つに分けられます。

私は、短期と長期を併用することをお勧めしています。レガシードでは、夏に2～3日の短期インターンシップを行い、秋冬以降で長期インターンシップを行っています。この体制を、明確な理由をもって実施しているのは、いまのところ弊社だけだと自負しています。

早期インターンシップを実施する企業の多くは、夏に長期インターンシップを実施しています。しかし、学生が夏休みで参加しやすいメリットはありますが、デメリッ

トもあります。

学生にとっては、長期インターンシップは、気になる企業の中に入り、詳しく知ることができる一番の目当て、「本番」とも言えるイベントです。しかし、企業側からすると、大学3年生の夏に本番を経験させてしまうと、秋から翌年春の内定期間まで、気持ちを繋ぎ留めるフォローアップが必要になります。

長期インターンシップに負けない魅力的な施策を、約9か月間定期的に打ち続けるのは至難の業です。しかし、何もしないでいては、長期インターンシップで魅了できていた学生の気持ちが、秋以降

》短期インターンと長期インターンのメリット・デメリット

	短期インターン	長期インターン
メリット	・学生が参加しやすい。 ・実施コストが低い。 ・学生を多く受け入れられる。 ・運営の負荷が少ない。	・企業のことを詳しく知ってもらえ、充分なマッチングを図ることができる。 ・学生に自社で働く魅力をしっかりと訴求できる。
デメリット	・学生とのマッチングを十分に図れない。 ・学生の印象に残りにくい。 ・実務体験は難しい。	・実施コストが高く、運営負荷が大きい。 ・夏開催の場合、翌年春までのフォローアップが必要となる。 ・対応できる学生数が限られる。

の他社のアクションになびいてしまう恐れがあります。

私にとって、ここ最近で一番の学びとなり、なおかつ意外であったのが、内定時期の遅さでした。学生の動き出しも早まり、それに追随する企業も増えているので、「内定が出る時期も早くなるのではないか」と考えていたのですが、特に変化はなく、4年生の5・6月に集中しているのです。

つまり学生は、ギリギリまで企業を見極めているということです。

2月も学生は休みなので、このタイミングで長期インターンシップを行う企業も少なくありません。そのため、超売り手市場の現在においては、前年にインターンシップに参加して、内定を出してくれそうな会社がある学生も、「まだいいところがあるかも」と考え、最終的な決断を急がないようにしているのでしょう。

レガシード流の、短期インターンシップと長期インターンシップの併用なら、このデメリットを回避できます。

実は、このデメリットを理解して、秋冬に長期インターンシップを実施している企業も少なくありません。夏に長期インターンシップを実施しても、翌年春までモチベーションを引っ張り続けるのは難しいと考え、早期インターンシップの実施を諦めているのです。

ただ、本章の冒頭で触れたように、早期インターンシップのメリットは計り知れません。そこで、長期インターンシップの布石となる、短期インターンシップを夏に行うのです。

大切なのは、短期インターンシップの内容を、学生の「行動」を見られるものにすることです。

学生の行動を見ることで、自社の現場で活躍できそうな人材の見極めを、より正確にできます。また、学生にとっても行動を伴うプログラムは魅力的です。68ページで紹介したマイナビの調査結果のトップ3である、「同行体験型」「職場見学型」「ロールプレイング型」に繋がる、満足度の高い体験ができます。

レガシードの短期インターンシップは、長期インターンシップの選考も兼ねています。魅力的な短期のプログラムを実施できれば、選考を通過し、長期に参加できる学生は、高い期待感で本番までの期間を過ごしてくれます。さらに、選考で漏れてしまった学生も、３月以降の本選考には再度挑戦できますし、実りある体験への好印象から、「レガシードの夏のインターンシップはお勧め！」といった感想をSNSに投稿し、口コミを広げてくれるのです。

このような、レガシード流のインターンシップを実現するには、体制の整備が必要不可欠です。

学生にとっては長期休暇のない時期に働いてもらうことが多いため、時間的にはアルバイトのような感覚で入ってもらいながらも、即戦力の育成に直結する、負荷の高い仕事ができる環境を整えなければいけません。

有給インターンは時給制が多いのですが、レガシードの場合は、基本給＋プロジェクト成果給としています（成果給をベースにするなら、最低賃金を下回らないように注意が必要です）。

出社して電話をかけてもらったり、イベントを手伝ってもらったりと、明確な業務を行ってもらうときは時給制にしていますが、プロジェクトの資料作成などは、大学での空き時間に進めることもできるので、個々人の裁量に任せています。

長期インターンシップは実践的なプログラムにする

内定者を「即戦力」とするには、インターン期間や内定期間にこそ、あえて負荷の高い仕事を与えることが重要です。

そんな育成の場の格好となる現場こそが、長期インターンシップです。

「学生だから」という色眼鏡をかけずに、とことん実践的なプログラムにしなければ、即戦力の新卒社員は実現できません。

レベルの高い選考を経ていれば、残った人材の多くは、成長を求めているはずです。私はそんな彼・彼女らには、社員並みの要求をするのが当然だと考えています。経営者としてはリスクもある判断ですが、才能と熱意ある学生は、必ず期待に応えてくれるはずです。

ここで言う「実践的」とは、ビジネスに直結するものであるということです。インターンシップで、学生に企画などを考えてもらい、役員にプレゼンさせるプログラムがよくありますが、学生の発表を聞いた役員が「いい企画だね」などと評価して終わり、というケースがほとんどです。評価で終わらず、いい企画ならば、そのままビジネスプランを考えてもらい、文字通り実践してもらうのが、「実践的なプログラム」です。

私たちの目的は、会社を成長させてくれる、優秀な人材に入社してもらうことなのですから、自社で一番大変だけれど、やりがいのある仕事をやってもらうのです。たとえば、飲食店を運営する会社なら、思い切って店舗経営に参画させる。営業系の会社なら、新規営業をやってもらう。

現場の理解と体制づくりは必須ですが、学生のうちから本格的なビジネスに携わることができるインターンシップのプログラムは、優秀な人材の注目を集める訴求点にもなります。育成の視点を抜きにしても、ライバル企業との差別化を図るうえで有効です。

レガシードが新卒採用をお手伝いした事例でも、「新規事業をつくろう」と掲げ、これまで実現できなかった四大卒の採用を実現したクライアントもいます。

「目標・責任・権限」の3点セットをもたせる

長期インターンのプログラムを考えるうえで、意識して欲しいのは成果目標を与えることです。

裏を返せば、成果目標を設定できない仕事は、「実践的」とは言えないということです。

そして、目標と一緒に責任ももたせる必要があります。単なるお手伝いではなく、「この仕事の主担当はあなたです」とはっきりと伝えて、仕事を任せてください。

さらに、責任をもたせるだけでは、単なる負担でしかありませんので、主担当として自由に采配を振るうことができる権限も、セットで与えなければいけません。
この、「目標・責任・権限」の3点セットなくして、負荷の高い仕事はできません。
また、負荷の高い、社員と同様の仕事を任せて成果が出たら、その分の報酬も必要です。

はっきり言って、これは簡単なことではありません。経営者の勇気と覚悟が必要な取り組みです。既存社員によるフォローが必要な局面もあるでしょうから、彼・彼女らの理解も得なければいけません。

話は戻りますが、だからこそ、人材の品質にとことんこだわり、採用ターゲット像を明確にしなければなりません。「入ってくれれば誰でもいい」というレベルで選んだ学生に、責任の伴う仕事を与えるのは、あまりにもリスキーです。

ですから、まずは「新卒採用をする」と本気で決心することが肝心です。学生に負荷の高い仕事を与えるのも、ここまでにお伝えしてきた、会社を伸ばすために必要な、優秀な人材を採用し、即戦力として育成するためのプロセスに欠かせないからです。

その意味では、短期インターンシップのプログラムも、負荷の高い内容にすることが求められます。長期インターンシップで、責任ある仕事を任せられる人材を選抜するには、誰でもクリアできるプログラムでは問題です。

また、このように書くと矛盾するようですが、新卒採用を本気でやると決心するために、まずはインターンシップを導入するという考え方もあるでしょう。

なぜなら、このような大胆な改革は、既存社員の理解がすぐには得られない可能性があるからです。

日本における採用直結型のインターンシップは、私が前に勤めていた会社がさきがけだと思いますが、当時、実践的な長期インターンシップを導入しようとしたときも、現場からの反対意見が根強くありました。

しかし、実際にやってみると、優秀な学生たちがプロジェクトをどんどん回していき、周囲の見る目はあっという間に変わりました。

特に、初めて新卒採用にチャレンジする会社は、まずインターンシップを導入し、そこで手応えを感じたら、そのインターンシップに沿う形で採用プロセスを設計していく、という順番でもいいかもしれません。

中小企業は採用人数が多くないので、現場の理解さえ得られれば、学生の長期受け入れは簡単に始められるはずです。

人気インターンシッププログラムの設計法

インターンシップを企画する3つの視点

ここからは、御社がインターンシップを設計・導入する際に、意識して欲しいポイントや、基本的な知識をお伝えしていきます。

まずは学生の立場になって考えてみましょう。私は、学生がインターン先に求める要素は、主に以下の3点だと考えています。

・インターンシップに参加することでつく「箔」
・他では得られない経験ができる「企画力」
・自分が志望する業界の「仕事内容」

この3つを中小企業が満たすのは、難易度が高いです。

参加するだけで箔がつくレベルとなると、大企業や、メディアに露出するような話題のベンチャー企業に限られます。また、御社と同じ業界の仕事に触れるために、インターン先を探している学生がいたとしても、基本的には名の知れた企業が候補になります。

つまり、初めてインターンシップを導入する中小企業においては、とにかく内容を練りに練って、企画力で勝負するしかありません。逆に言えば、内容で際立つことができれば、口コミが口コミを呼ぶようになり、次第に箔や仕事内容を求める学生の候補にも入るようになります。

以上のような学生のニーズを踏まえ、インターンシップの内容を考えるうえで重要なのは、以下の3つの視点です。

- **学生は何を求めているのか**
- **自社でやる意味はあるのか**
- **学生は何をもち帰れるのか**

次項から、それぞれについて説明していきます。

学生は何を求めているのか

基本的には、どこでも経験できるような内容なら、知名度や規模に勝る企業が選ばれることになります。合同説明会と同様に、インターンシップも学生の立場になって考えることが出発点になります。

では、学生は何を求めているのか。

もちろん、その答えは様々です。ただし、答えを「優秀な学生」に絞れば、一気にシンプルになります。その場合の答えは、一言**「成長」**です。

優秀な学生ほど、長期インターンシップに注目するのは、「社会の中で自分の力を試したい」という欲求をもち、なおかつ疑似体験ではなく、リアルなビジネスを現場で体験したいという思いがあるからです。

会社を成長させる、即戦力の新卒社員を採用することを目指すのですから、私たちはその一点にフォーカスすれば十分。目線を下げる理由はありません。むしろ、目一杯背伸びして、ドラフト１位レベルの人材が求めるものを用意するくらいの心意気で、企画を考えていただければと思います。

自社でやる意味はあるのか

優秀な学生が求める、成長できそうなプログラムを考えるうえで、同時に考えていただきたいポイントがあります。

それが、そのインターンシップを「自社でやる意味」です。

当たり前のように見えて、学生の立場に立とうとするあまりに、この視点が抜け落ちてしまうことがあるのです。

そもそも、自社にもメリットがあるとはっきりさせないと、現場の協力が得られないため、インターンシップそのものが上手く機能しません。学生のニーズを意識しながらも、自社で実践する意味も同時に考えつつ、企画を考えてください。

とはいえ、これは簡単なことではありません。私たちの日頃のコンサルティング業務でも、クライアントが特に頭を悩ませる部分です。

私は相談を受けると、

「本当は御社の中でやりたいな、と思っているけれど、いま割けるリソースを考えて、優先順位が低いので後回しにしていることはありませんか？」

このような質問をすることが多いです。

こう尋ねると、最初は「学生にやって欲しいことはない」と言っていた方でも、「そういえば、既存社員では手一杯だったけど、考えていたことが……」などと思いつかれることが多いです。

また、レガシードの場合は、長期インターンシップにおいては、どんどん学生にコンサルティングの現場に入ってもらっていますが、現場の社員と極力衝突しない仕事を用意するという考え方もあります。

たとえば、既存社員が現在収益を生んでいるフィールドとは別の、未来をつくる事業を生み出すプロジェクトに入ってもらったり、そのためのリサーチをしてもらうのです。

もちろん、そのプロセスにおいても現場の理解と協力は必要不可欠ですが、既存社員の負担は比較的少ないうえに、学生たちが入ってきてくれなければ、着手できなかった領域にチャレンジできるので、周囲の理解や応援も得やすくなります。

一筋縄ではいかない部分ですが、ぜひ知恵を絞って、御社と学生の双方にメリットがある企画を考えてください。

学生は何をもち帰れるのか

「学生が求める」企画と、「自社でやる意味がある」企画は、両立可能ではあるものの、綱を引っ張り合うように、相反する部分があるのも事実です。

そのため、自社でやる意味があると確信できる企画ができたら、そのタイミングであらためて、「このインターンシップで、学生は何をもち帰れるのだろうか?」と考えます。

ここで気をつけたいのは、「全参加者が得られるメリット」の有無です。

自社の知名度と存在感を上げるには口コミが必要不可欠ですが、参加者全員が満足できる内容でなければ口コミは生まれません。たとえば、長期インターンシップの選抜も兼ねた短期インターンシップなら、長期インターンシップに進めなかった学生でも、「参加してよかった」と思ってもらえるプログラムであることが重要です。

「学生が得られるもの」は、言語化しておくことも大切です。

次ページの画像は、弊社のインターンシップのリーフレットから、長期インターンシップ「REAL!」の部分を抜粋したものです。ご覧のように、私たちはインターンシップに「参加して得られるもの」を、あらかじめ可視化しています。短期インターンシップも同様です。

このように、学生が得られるものを言語化できれば、募集の段階でアピールすることができ、注目を集める武器にもなります。

逆に言えば、「学生が得られる明確なメリットを、言葉で説明可能な企画を考えるべきだ」ということでもあります。それができないようなら、内容の練り込みが足りなかったり、実現可能性に無理があったり、そもそも学生が得られるものがない企画である可能性が高いです。

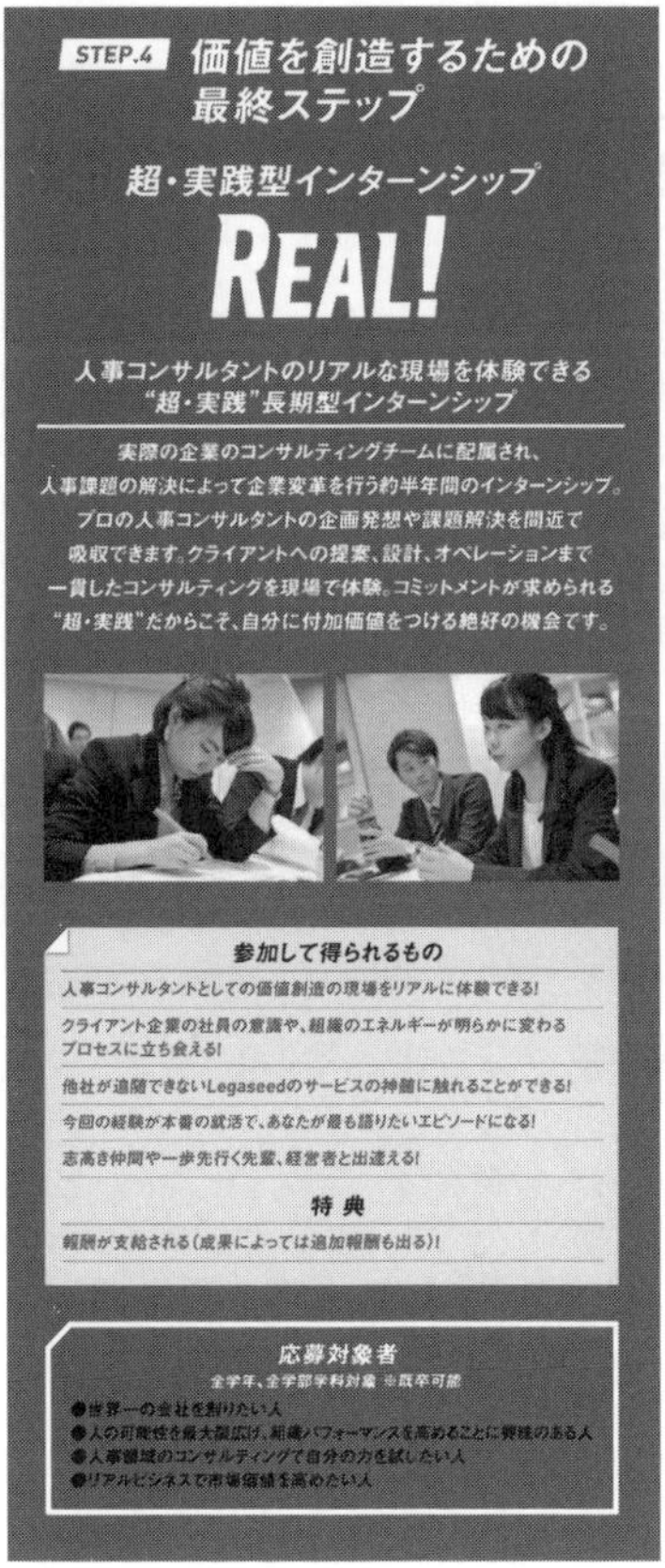

インターンシップの実施時期（夏・秋・冬）

インターンシップの企画が完成したら、実施時期を検討します。

基本的には、夏＝8～9月、秋＝10～11月、冬＝12～2月に分類できます。既に述べたように、レガシードは夏に短期を仕掛け、秋冬の長期に繋げます。また、冬に長期の一本釣りを狙う企業も多いです。

秋は、合同説明会を経由する場合、ライバルが多い夏期が集客フェーズとなり、学生の長期休暇もないので、基本的にはやりにくい時期です。ただ、集客に自信がある企業なら、夏ではなく、秋に短期を仕掛ける戦略も考えられます。早期インターンシップのメリットは享受《きょうじゅ》できませんが、冬の本番までのインターバルが短くなり、学生のフォローアップは楽になるからです。

また、近年はインターンシップを通年で行う企業も多いです。レガシードでも、春以降も働く大学4年生や、1・2年生から働く人がたくさんいます。私自身、最終的には全ての企業が、意欲ある学生を通年で受け入れ可能な体制を整えるべきだと思っています。

ただ、インターンシップを初めて導入しようとする企業の場合は、合説などで知ってもらうことが第一歩となるため、仮に通年の受け入れを実施する予定であっても、最初は定番の就職活動の集客フェーズに沿ったスケジュールで動き出すのがよいでしょう。

インターンシップと本選考の繋ぎ方

既に新卒採用を行っている企業がインターンシップを導入する場合、その内容以外にも、考えなければならないことがあります。

それが、インターンシップと本選考の繋ぎ方（あるいは、共存の仕方）です。

企業や業界によって違いはありますが、新卒採用の本選考では、おおよそ、大学4年生の3月に初接触し、5〜6月に内定を出します。

いまのところは、この本選考とインターンシップを、分けて考える経営者が多いと感じます。おそらく、「青田買い＝悪」と思われていた時代背景あっての発想でしょう。

しかし、若い人手が欲しいだけなら、アルバイトを募集すれば済む話であって、インターンシップと本選考をセットで考えるのが、理屈としては自然です。今後は、採用直結型のインターンシップが主流になっていくに違いありません。

さて、インターンシップと本選考をセットで……と書いたばかりですが、私のお勧めは、インターンシップと本選考を分けることです。

ただし、あくまでも分けて考えるだけで、インターンシップでも採用を狙います。

どういうことかと言うと、「優秀なインターンシップの参加者にはどんどん内定を出し、本選考とは別枠で採用を進めてしまう」という意味です。

ちなみに、インターン生のみで採用活動が完結するなら、本選考をする必要はありません。インターンシップで先発完投を狙い、難しければ本選考が抑えとして登板する考え方です。

ただ、抑えが投球練習なしで登板することがないように、行き当たりばったりで本選考を実施するのは難しいです。そのため、御社の募集人数をベースに採用プロセスを設計してください。

インターンシップの2割内定ルールに照らし合わせると、募集人数が10名なら、50名をインターンシップに迎え入れる必要があります。これはなかなかの人数なので、インターンシップは10名で実施するとします。この場合、全員の入社を目指しても、不足が出る可能性は高いので、本選考も実施する予定で動く、という考え方です。

ただし、この2つをセットで考えるときは、担当者もセットにしてください。規模の大きい会社ですと、インターンシップと本選考で分断が起こり、担当者も変わってしまうことが多いのです。

インターン生と本選考にエントリーした学生で、チェック基準が変わることがないように、1つのチームで担当し、常に情報共有を怠らないように気をつけてください。

≫ インターンシッププログラムの実践集

「Rakuten　みん就」のインターン人気企業ランキングにおいて総合20位、人材業界1位に選ばれた当社人気のインターンシッププログラムをご紹介します。

年間1万人を超える学生が応募し、合同説明会に出展すると、長蛇の列ができるほどの人気プログラムです。400社以上の企業の人事コンサルティングをしているからこそ創り出せるノウハウの一部を公開します。

人事コンサルティング領域のインターンシップなので、読者のみなさんの事業にそのまま当てはまらないかもしれませんが、エッセンスは十分読み取れるはずです。

キーワードは「体験」。そして、いかに「学生が参加して得られるものがあるかどうか」というプログラムの構築です。

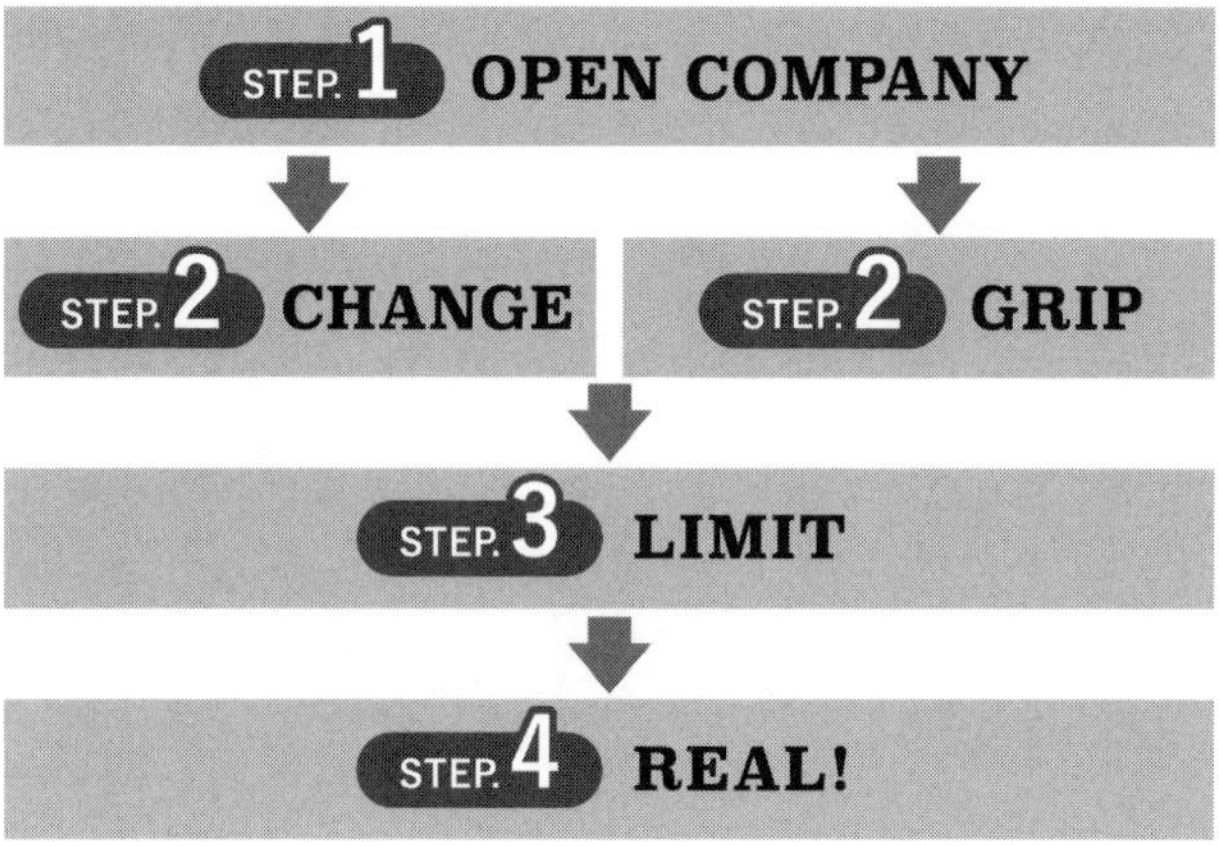

当社では4つのステップにて、段階を踏んでインターンシップを行っています。それぞれの内容を次ページからご紹介しましょう。

STEP.1 OPEN COMPANY

オフィスを1日開放！ 「はたらく」の常識を覆す

超・実践型インターンシップ「REAL!」への登竜門

「人生の指針を見出し、最高の仲間と出逢える場」をコンセプトに、オフィスを1日開放し、社長も社員も全員が参加する会社潜入ツアーを行っています。単なる会社見学ではなく、当社がどのような事業を行い、未来へどんな夢を描いているか、現場のコンサルタントがどのようなやりがいを持って仕事をしているかを、学生たちに伝えています。

1.TOP LIVE

社長自らが檀上に立ち、会社経営への想いとこれからのビジョンを直接、語っています。学生からすると経営者の視点に触れることができます。ポイントは学生の「仕事観」「就活観」を変えることです。

2.WORK SHOP

「はたらく」とは何かを考える機会を与えています。当社の場合、人材コンサルタントになるには、どのような思考を持てばいいのかを体感してもらっています。当社への入社を導くというよりも、学生にとっての「未来の職場選び」についてヒントを得てもらえるようなプログラムを設計しています。

3.OFFICE TOUR

「IBASHO 編集部が選ぶ　おしゃれで、かっこいいオフィス20選」で選ばれた「都会の秘密基地」をモチーフにしたユニークなオフィスをツアー形式で案内。バーカウンターやシークレットルーム、ライブラリー、宇宙船など、オフィスには思えないような社員の働きやすさを追求した職場環境を見学します。

4.BAR TALK

学生にとって最も身近なロールモデルとなる次世代エース若手社員と語り合える場を設けています。ドリンク片手にリラックスできる雰囲気のなか、顧客との感動秘話や仕事でのやりがい、ときには失敗談などのぶっちゃけトークをすることで、人事コンサルティングの仕事の醍醐味を知ってもらいます。

当社ではOPEN COMPANYで、エントリーシートを提出、STEP.2のいずれかの2DAYSインターンへ案内します。

STEP.2 CHANGE

企業の組織変革ストーリーを追う！
人事コンサルティング体感インターンシップ

**正解のない未知なる道を創る。
人事コンサルタントとして挑む
企業変革ストーリー**

企業変革プロジェクトを2日間に凝縮し、体験してもらうプログラムです。業界理解、仕事理解、当社の理解を深める内容ともいえます。

単なるケーススタディの課題解決ではなく、実際に当社のコンサルティングによって、企業、働く人、学生がどのように変革されていくかを体感してもらいます。

プロのコンサルタントからのフィードバックも受けられ、自分の現在地を知ることできます。

STEP.2 GRIP

企業の人事の思考を攻略せよ！
就活シミュレーション体感インターンシップ

**必要とされる人間かが問われる。
採用担当・就活生として挑む
課題解決ストーリー**

企業の人事採用担当者として採用活動を行うと同時に、就活生として自分にあった企業から内定を獲得するという、双方の立場から就活をシミュレーションする2日間の白熱体験プログラムです。

なぜ、働くのか？　何が自分に向いているのか？自分と向き合い未来が見えてくる、ここでしか味わえない自己分析の決定版企画です。

上記、STEP.2のインターンシップで、高いパフォーマンスを上げた学生が、STEP.3「LIMIT」に進むことができます。

STEP.3 LIMIT
戦略性と実行力で修羅場を脱せよ！
ビジネスシミュレーション体感インターンシップ

たった1秒の油断が命取りとなる、会社経営をするものとして挑む価値創造ストーリー

STEP.2の選抜を経て、次に取り組むのが3日間のインターンシッププログラムです。

Legaseedのビジネスモデルをもとに、当社スタッフの日常の仕事を遂行。コンサルタントの仕事の実態に触れてもらいます。

このフェーズでは、個人で取り組みのでなく、チームビルディングを体験してもらいたいので、各チームに振り分け、仕事を体験してもらいます。いかにメンバーと力を合わせ、刻々と迫る制限時間の中、成果を出せるかを競ってもらいます。

ビジネスの世界では当然ともいえる、「価値と報酬の原理」もリアルに体験してもらえるようなプログラムを設計しています。

上記、STEP.3のインターンシップで、高いパフォーマンスを上げた学生が、STEP.4「REAL！」に進むことができます。

STEP.4 REAL!
価値を創造するための最終ステップ。
超・実践型インターンシップ

人事コンサルタントのリアルな現場を体験できる“超・実践”長期型インターンシップ

実際のクライアント企業様のコンサルティングチームに配属され、人事課題の解決によって企業変革を行う約半年間のインターンシップです。

プロの人事コンサルタントの企画発想や課題解決を間近で吸収できるうえに、クライアントへの提案、設計、オペレーションまで一貫したコンサルティング現場を体験してもらいます。ここまで来るとまさに即戦力の一歩手前。実践を数多く踏んでもらい成長を実感してもらいます。

なお、「REAL！」までたどりついた学生には報酬を支給し、有償インターシップとして活躍してもらいます。

ますます多様化する人を集める方法

就職情報サイト、合同説明会では出会えない

この章でも合同説明会について触れていますし、「この見出しはどういうことだ」と思われた方も多いかもしれません。実際に、大手就職サイトや合同説明会は、なくてはならないツールだと思います。

種明かしをすると、この見出しには「多くの中小企業は」「大学3年生の3月1日以降は」「優秀な人材には」という補足が足りていません。

しかし、逆に言えば、多くの中小企業の場合、本選考が始まってから「待ち型」のツールで一般的な採用活動をしているようでは、遅すぎるということです。私たちは、「待ち型」に「まちがった（間違った）」というルビを振ることもあるほどです。

では、間違っていない採用活動とは、何であるのか？

それは、ライバル企業に先んじて、できるだけ早期に動き出し、自社を知らない学生にもアプローチできる「攻め型」のツールを活用することです。

かつては、待ち型では集客しきれない状況であっても、それ以外の手段が限られていることも珍しくありませんでした（自社で説明会やセミナーのようなイベントを、開催／共催するなど）。しかし、ここ数年で様々なサービスがつくられ、人を集める方法も多様化しています。

特に攻め型のツールの充実は、昔を思うと羨ましく思うほどです。

なかでも、最たるものは、前述したスカウトサイトです。登録している学生の詳細なプロフィールを確認し、こちらからアプローチすることができます。

また、ここのところ、多くのサイト・アプリが生まれているOB・OGとのマッチングサービスの1つである「VISITS OB」は、自分をフォローしてくれた学生には、OB・OGのほうからアプローチすることが可能です。そのため、スカウトサイトのように、インターンシップや本選考へのエントリーをこちらから呼びかけることもできます。他にも、「Matcher（マッチャー）」は、学生から、OB・OG訪問の希望を受けた人が、訪問をOKする代わりに、「学生にやって欲しい／学生と一緒にやりたいこと」を提示できます。たとえばレガシードなら、「○○さんの大学で、レガシードのセミナーを開催させてもらえませんか？」といったお願いもできるわけです。

他にも、自社のターゲット人材像をエージェントに伝え、マッチする人材を探してもらえる新卒紹介サービスも攻め型のツールと言えるでしょう。

「攻め型」ツールの使い方

それでは、新卒採用の経験がない／ほとんどない中小企業は、どのように「攻め型」のツールを活用すればよいのでしょうか。

1つの正解はなく、職種や募集人数によってやり方は変わりますが、採用人数があまり多くない会社なら、スカウトサイトだけで採用活動を完結させることも可能です。特に、募集人数が5名未満で、エッジの効いた人材を狙うのであれば、まずはスカウトサイトをチェックするのがお勧めです。実際に、就職情報サイトに登録せず、スカウトサイトに注力している中小企業も見受けられます。

ターゲット人材像にマッチする学生を探したり、メッセージを送る工数はかかりますが、スカウトサイトだけで希望する人数を集められれば、むしろ手数をかけずに済む可能性も高いです。

また、そうやってスカウトサイトを使いながら、新卒紹介サービスを併用してもよいでしょう。新卒紹介サービスは成果報酬型なので、紹介してもらった学生が入社しなければ費用は発生しません。そのため、予算に限りのある会社でも気軽に利用できます。

ある程度の人数を集めたい会社なら、スカウトサイトは別途利用しつつ、100万人以上の若者が登録する、ビジネスSNS「Wantedly（ウォンテッドリー）」で発信するという方法もあります。

ウォンテッドリーは、「共感」をベースにしたSNSであるため、学生などにいきなり条件を明記して呼びかけることはNG、ビジョンありきの発信が求められます。

本書をお読みになって、新卒採用に前向きになっている方の経営する／勤めている会社の現在地は、

優秀な学生を採用し、将来的には大企業に条件面でも負けない会社に成長させたいが、現時点では条件面で勝てない。ただし、未来のビジョンはワクワクできるものが描けている――。

おおよそ、このようなものではないでしょうか？

そんな会社の経営者や採用担当者には、まさにピッタリのツールです。

また、経営者にそれなりの知名度がある会社なら、ビジネス用のSNSを使わずと

も、フェイスブックで発信するだけでも、意欲的な学生からのリアクションが得られるでしょう。

ターゲットが明確なイベントを自社で開催する

先ほども少し触れたように、自社でイベントを開くことも重要な攻め型のアプローチです。

便利な攻め型ツールが数多ある時代だからこそ、リアルな体験がベースとなるイベントの価値は、むしろ高まっています。参加者の「体験」から生まれる口コミは、最も大きく、効果的に広がっていきます。

また、自前のイベントを実施することで生まれ、育っていくマーケティング力は、他者に左右されない会社の財産となります。外のマーケティング手法に頼らず、能動的に発信しようとする姿勢は、学生から見ても魅力的に映るでしょう。

魅力的な企画を考え、滞りなく運営を行うのは、はっきり言って至難の業です。私たちも、企画はクライアントの社員が中心となって考えるが、運営に必要なフォローは弊社で行う、といった形（逆のパターンもあります）で、オリジナルのイベントをサポートすることがあります。しかし、実行までの障壁を乗り越えることができれば、イベントの効果は本当に大きいです。

レガシードでは、

- **私が、20代の働き方が、30代以降の人生を決めるという視点で、自己成長の重要性をお伝えする「20代でぶっちぎる20の法則」**
- **成長企業の経営者・役員の対談を聴ける「TOP SCORE」**
- **朝8時から学生と社会人が集まり、就活や人生をテーマに討議するイベントを定期的に開催し、毎回プランニングを行いPDCAを回していく「Morning Star」**
- **レガシードのオフィスにあるバースペースで、定期開催する飲み会「SHIGE**

KIBAR」

このような様々なイベントを、他社と協力して実施しています。

実際に御社で企画を考える上で、特に注意していただきたいのは、インターンシップと同じ3つの視点です。

まずは、学生のためになる企画を考えてください。ただし、そのうえで、「自社のターゲット人材像が魅力を感じる」内容でなければ、意味がありません。

オリジナルのイベントでよくあるのが、学生の自己分析や、面接対策などを行う就活支援系です。私たちも、学生が自己分析できるイベントを開催していますし、しっかりと練られ、理由のある内容なら問題ありません。しかし、単なる就活支援系のイベントでは、「就活に困っている学生」が集まりがちです。それでは、学生のためにはなっても、自社のターゲットにマッチしていない参加者ばかりになってしまいます。

ただし、就活シーンでの知名度や存在感を上げるために、全ての学生を対象にしたマス・マーケティングを行う場合は、誰にでも役立ち、喜ばれるような内容にするのも一つの手です。私たちのビジネススキルが身につくワークショップ「レガレッジ」は、学校では教えてくれないけれど、社会で求められるビジネススキルを高める企画として学生から人気です。

とはいえ、ターゲットがエッジの立った人材である場合は、「たった一人に刺さればいい」と言えるくらいの覚悟も必要です。全ての学生を明確なターゲットとして、マス・マーケティングを行う分にはよいのですが、そうでない場合、楽しいだけの場で、ターゲットに当てはまらない人材を集めても意味がありません。

たとえば、前述のSHIGEKI BARは、一歩間違えば単なる飲み会になってしまいかねません。そうならず、ちゃんと参加者が「刺激」を受け取れるイベントになるように、毎回お題を設定して、プレゼンを行ってもらう企画があります。ラフな場で、学生の本音や素を見ることを目的にバーで開催していますが、そのような空間で、ビジネス的な振る舞いも見ることができる内容にしているのです。

みなさんも、本項を参考にして、学生を魅了する自社イベントを開催してください。

「芋づる式」のマーケティングを狙う

スカウトサイトの利用や、自社イベントの開催など、攻めのマーケティングをするうえで意識していただきたいポイントが、「芋づる式」です。

少々極端《きょくたん》ながら、私はよく「毎年、内定者が後輩を一人連れてきてくれれば、採用活動は終わりなのになぜそうしないのか?」というたとえ話で、その重要性を説明しています。「青田買い」のように、イメージがあまりよくない言葉かもしれませんが、採用はこれが全て、と言っても過言ではありません。先輩が後輩を呼ぶ、インターン生がインターン生を呼ぶ、といった流れを形成できるように意識してください。

ただ、ここでも注意点があります。それが、本当に必要な人材にリーチできてから、初めて意識すべきポイントであることです。

なぜなら、芋づる式のベースにあるのは、「類は友を呼ぶ」の発想だからです。

優秀な人材がいる環境の近くには、同じような特性をもった人材が集まります。これは、「逆もまた真なり」です。たとえば、優秀ながらも妥協点がある人材を起点に、芋づる式のマーケティングに成功したとしましょう。その場合、どこかに同様の妥協点がある人材との出会いが続く可能性が高いです。ですから、芋づる式の起点とするのは、心の底から「本当に入社して欲しい」と思える優秀な人材である必要があります。

芋づる式の利点としては、人間関係が良好である可能性が高いこともあげられます。文字通り「類は友を呼ぶ」で、学生としても、知人が職場にいるほうが心強いですし、企業側としても、安心して採用することができます。

これは弊社の事例ではなく、伺った話なのですが、あるラーメン店は、仲間や後輩を紹介してくれた従業員にインセンティブを支払うことで、安定した採用を成功させたそうです。

人手不足が叫ばれる飲食業界は、離職率も非常に高いです。その理由の1つとして、先輩からのパワハラ紛いの指導があげられます。既に人間関係ができ上がっている仲間を紹介してもらうことで、乱暴な振る舞いを防いでいるわけです。

加えて、このラーメン店は紹介時のみならず、その人が辞めるまで、ずっとインセンティブを支給し続けるそうです。仲間が楽しく働き続ければ続けるだけ、自分にも得になるため、職場環境が悪化しないように意識する従業員が増えるはずで、実に見事なアイデアだと思います。

一般的に、新卒採用には一人あたり約80万円かかると言われます。職場の人間関係を理由とする退職者が出るたび、多額の費用をかけるくらいなら、仲よく働いてくれる社員に還元するほうがよいでしょう。

地方企業であればあるほどマーケティングは簡単

私がセミナーなどで、近年の変わりつつある新卒採用の潮流と、その対応策についての話をすると、「それは東京だからできるのでは……」といったご意見を、地方の企業の方からいただくことがあります。

そのようなとき、私は「とんでもないです！」と答えます。

はっきり言って、**地方企業のほうがマーケティングは簡単**なのです。

ここまでにもいくつかの例を示していますが、本書でお伝えしている就職活動の新たな常識と、その対応策をすでに実施している企業は、まだまだ都心部に集中している状況です。そのような施策を行う地方企業は圧倒的に少なく、現時点では、「地方でやれば簡単に目立てるのに……！」と、むしろ私が質問者を羨むくらいの状況なのです。

ですから、地方在住の読者の方は、むしろラッキーだと思ってください。競争相手が少なければ、やりようはいくらでもあります。

以前、神戸・三宮から電車で2時間かかる、兵庫県の奥まった地域にある会社の方から、採用についてご相談を受けたことがあります。

これは、私から見れば悩むことではありません。

自社のことを「田舎だから……」と言う地方在住の方は多いのですが、田舎なら、田舎を売りにすればいいのです。都会の大学で学び、田舎に戻って地元に貢献したいと考える学生や、都会に疲れて田舎で働きたい、と考えている学生（A）にアピールすればいいだけの話です。

当然、数で言えば都会で学び、都会で働きたいと考える優秀な学生（B）のほうが多いでしょう。しかし、たとえA：Bの比率が1：100であったとしても、優秀な学生を採用したい田舎の企業と都会の企業の比率は100倍以上だと思います。期待値で言えば、田舎を売りにできる企業のほうが、確実に上でしょう。

発想を変えれば、アピールできるポイントは必ず見つかります。

そのうえ、差別化も簡単です。それこそ、レガシードがクライアントと自社イベントの企画を考えるとして、東京のお客様なら「もっと尖らせないと集客は難しいです」とNGを出すアイデアでも、ライバル企業が少ない地域のお客様なら、OKを出す可能性すらあります。

ですから、「こんな地方に優秀な学生は来てくれない」といった先入観や思い込みは、いますぐ捨ててください。

都心部は採用力のある企業とタッグを組む

前項の内容は、裏を返せば「都会は競争が激しい」ということでもあります。なればこそ、素早いアクションの重要性を繰り返し述べているのですが、都会の企業に有利なやり方がないわけではありません。その1つが、採用力や知名度のある企業とタッグを組み、イベントや説明会、短期インターンシップを開催することです。

私は前の会社時代に、教育系の大手企業と、クレジットカードの大手企業とイベントを共催したことがあります。当たり前の話ですが、タダ乗りは基本的には不可能です。このときは、私の会社は母集団を求め、共催相手は魅力的なプログラムを求めていました。

多くの場合、同じように、相手が集客力を提供してくれる代わりに、こちらが企画力を提供するという関係性が当てはまるでしょう。

もちろん、魅力的な企画を考えるのも簡単なことではありませんが、知恵は、予算などに関係なく使える最大の武器です。とにかく知恵を絞り、大手が振り向く企画を考えましょう。

また、大学をターゲットにするのもお勧めです。一社のみに便宜は図れないが、複数社が関わる企画ならOK、という大学・担当者もいるからです。都心部に限った話ではありませんが、OB会で経営者仲間を見つけ、母校でイベントを共催するのもおもしろいのではないでしょうか。

現場の社員に評価させる

レガシードは、全ての社員に、学生に渡して使用できる「食事会の招待券」を渡しています。

これは、会社説明会でも、たまたま飲み屋で見つけた人でも、どんな場所で、どんな人に使ってもOK、というルールになっています。

なぜなら、現場の人が「いい」と思う人材は、自社で活躍しやすい人材であるからです。正直、その見極めについては、経営者の私よりも、現場の社員のみんなのほうが優れていると思います。

このようなやり方である必要はありませんが、「新卒社員を既存社員に選ばせる」という発想は重要です。

レガシード流の採用活動は、経営者や採用担当者だけではなく、全社一丸となって取り組むプロジェクトになります。

繰り返しになりますが、会社には「社員とその家族を生涯守る責任」があります。なんとなく採用して、思っていた品質をもった人材ではなかったので辞めてもらう、といった態度は許されるものではありません。

全社員が採用プロセスに携われば、「選んだのは社長だから」といった言い訳は生まれません。そうすることで、会社を変えるべく選び、採用した新卒社員の働きに、全社員が責任をもって、自覚的に臨む体制ができるのです。

ですから、レガシードのクライアントには、採用プロセスのどこかで、採用担当以外の既存社員が参画するフェーズを、必ずつくってもらうようにしています。ぜひ御社も、そのような企画を考えてみてください。

ちなみに、手前味噌ながら、当社の「食事会の招待券」制度はなかなかよくできていると思います。

学生が入社を決意する理由として、「運命感」が大きいとお伝えしましたが、食事会では、社員がチケットを渡した理由を伝えられるので、メールやDMなどでの呼びかけよりも特別感を出すことができます。学生も「選ばれた」という喜びを感じやすいのではないでしょうか。

また、招待券の後ろには社員の名前を書く欄があるので、採用に真剣にコミットしてくれる社員を可視化する効果もあります。

≫ レガシードが活用する「食事会の招待券」

Legaseed社員と行く！
お食事ご招待
チケット
Legaseed

ご利用方法
①　/　(　)に開催されるOpen Companyの
:　〜　:　の回を予約する
②当日受付の際に本券を提示する
③Open Company終了後、社員と一緒に食事に！
招待者
ゲスト
(もらった人)
ご予約は
こちらから

第4章

即戦力になる素材の調理法

内定期間にビジネス感覚を身につけさせる

学生ではなく社員として扱う

優秀な人材の採用に成功しても、即戦力として活躍してもらうには、それだけでは足りません。入社日を迎えるまでの期間に、様々な経験を積んでもらう必要があります。美味しい料理に、いい材料の調達と、巧みな調理が必要であるように、優秀な人材の選抜・採用と、入社前の育成という両輪があって初めて、「即戦力の新卒社員」が実現します。

この4章では、2章の選抜、3章の採用に続き、育成について解説します。

具体的な育成の方法に入る前の、忘れてはいけないポイントが心構えです。同じ能力の持ち主が同じプログラムを経験するなら、より本気で臨むほうが成果もあがり、成長につながります。

このこと自体は、言うまでもないことでしょう。しかし、多くの企業は内定者をお客様として扱いがちです。内定者のフォローアップも、飲み会や懇親会といった、和気あいあいとしたイベントで行うことが非常に多いです。

対して、レガシードのように、新卒を即戦力人材として採用する企業は内定者を「学生」や「お客様」ではなく、「社員」として扱います。

本気で優秀な人材を採用するために、2・3章で述べた選抜・採用を経て出会った学生であれば、お客様扱いはNGです。彼・彼女らは、御社が負荷の高い仕事を内定期間に与えることを知り、萎縮するどころか、自分が成長できると、やりがいを感じ、ワクワクするはずです。そんな人たちをお客様扱いすると、むしろ内定辞退に繋がりかねません。

レガシードでは、「目標・責任・権限」の3点セットを与え、負荷の高い仕事をやってもらうのはもちろん、個別のパソコンとiPhoneを支給します。写真入りの名刺も作成し、社員ボードに名前を掲載し、社内SNSにも登録してもらいます。傍から見れば若い社員と変わりませんので、お客様に「内定者ですよ」と紹介すると驚かれるほどです。

他にも、社員が参加する社内研修やマナー研修にも参加してもらいますし、内定者自身に自らのことをどんどん語ってもらうことで、私たちが彼・彼女らをより深く知る機会をつくるよう努めています。

このように、入社前から社員として扱うことで、学生（内定者）は、意欲的に行動し、なおかつ、他社の方には社員同様に映るほど、どんどん成長して一人前になってくれます。

内定期間中の取り組みで入社時の給与を変動させる

レガシードの新卒社員は、内定期間中の取り組みによって初任給が変わります。そのため、内定期間中の仕事に、より真剣に取り組んでくれていると感じます。

1章で触れたように、弊社のみならず、サイバーエージェントやメルカリでも、同様の試みが行われています。いま、給与等の条件よりも、やりがいを求める優秀な人材は多いです。とはいえ、一緒に働く人たちの魅力や、やりがいが同じくらいの会社が複数あれば、給与が決断の理由になるのは当然です。

また、意欲的な学生は、「条件は大切だけど、自分がちゃんと成長すればついてくるもの」という考えと、同時に自らに対する自負もあるため、「力量・成果に見合った評価をして欲しい」という思いをもっています。

学生時代の取り組みが入社後の報酬に反映されるやり方は、このような学生の感覚にマッチするものです。プロ野球のドラフト会議で指名され、契約に至っても、契約金や年俸は人によって違います。一律の初任給制度の撤廃は、まだ一般的とは言えないシステムですが、これから当たり前になっていくと考えています。そこで、ここでは読者のみなさんが、自社で同様のシステムを導入する際のご参考として、私たちの取り組みを紹介させていただきます。

レガシードは、社員や内定者の1年を8月～翌年7月末で区切り、年間の目標を設定しています。この目標は会社との話し合いで考えます。80％は会社やチームの目標から逆算された個人目標で、20％は自己成長に繋がる目標を本人が設定するようにしています。

この目標をリスト化して、左の画像のような形でまとめます（これは、現在インターン生として働く内定者・周さんの実物です）。そして1年後に、目標の達成率と姿勢を評価します。内定期間中から目標設定し、成果を意識していきます。

姿勢とは、レガシードの定める「10のフィロソフィー」に、どれだけ合った振る舞

目標管理＆フィードバックシート

目標設定ワークシート①結果成果目標　　PDCA研修

目標	ウエイト	重要度・難易度	テーブル	達成に向けた方策（戦術）
担当クライアントの会社説明会の集客動員目標の達成	30	1.2	B	・開催の1ヶ月前までにお客様とコール時間の確認 ・DM（3週間前）、PUSHメール（2週間前）の必要性判断 ・リマインドメール（7日前、3日前）の配信 ・PUSHコール（3~2週間前）と確約コール（7~2日前）の先方依頼 ・3週間前より予約数と確約数を毎日確認する
担当クライアントの再販率80%以上	20	1.0	B	・チャットワークの返信は12時間以内 ・制作の状況をこまめに報告（少なくとも週1） ・選考の進捗状況を週2で確認 ・各選考の3週間前には詳細を共有 ・一度聞いた情報（先方の会社情報と学生情報）は忘れない
お客様から自分に対するクレームがない	10	1.0	A	・採用設計時に定期MTGの日程と議題を明確にする ・先方からの連絡に12時間以内に返信する ・文面だけでなく、電話で話せる時間を確保する ・2days等、納品で電話が終日できないときは前日に心配事、不安を解消し、進捗報告の電話を入れる
自分の提案でコンサルパッケージ3社契約獲得	20	1.0	B	・先輩の提案に3回入る 1回目：学習（どのようにやっているか細部まで研究） 2回目：シミュレーション（自分だったらどうするか考えながら入る） 3回目：実践（自分で進めつつ、ヘルプとフィードバックをもらう） ・担当クライアントから2社以上紹介してもらう
2020卒向けMEETの契約3社	20	1.0	B	・昨年の営業先、就活企業で5社以上連絡 →2社アポ　→契約1社 ・10月は週2時間テレアポの時間を確保 1時間12件ペースで96コール →担当者と話せる19件 →アポ4件　→契約1件 ・見込み企業（　　　　）への連絡

目標設定ワークシート②プロセス成果目標　　PDCA研修

目標	ウエイト	重要度・難易度	達成水準設定	達成に向けた方策（戦術）
担当企業の内定承諾目標達成	30	1.2	5．100% 4．80~99% 3．60~79% 2．40~59% 1．39%以下	・説明会着席目標数の達成する。 ・キャリア面談の情報をお客様から共有してもらう。 ・第三者としてクライアントの選考学生の相談役として関わる。 ・追加説明会、追加採用を先読みして提案していく。
新規企業提案数	20	1.0	5．新規提案10件 4．新規提案8件 3．新規提案6件 2．新規提案4件 1．新規提案2件	・10月中にロープレして1人提案できるようになる。 ・合同説明会でブースに興味を持ってくれた人と名刺交換し、アポに繋げる。 ・企業見学会の提案にアサインしてもらえるようにしなさんに働きかける。
納品遅れゼロ	30	1.0	5．納品遅れ0件 4．納品遅れ1件 3．納品遅れ2件 2．納品遅れ3件 1．納品遅れ4件以上	・googleカレンダーの活用する。 ・納品期限、制作スケジュールを書いたカレンダーを作成する。 ・毎日1時間は予定にバッファをもたせる ・制作スケジュールを考える時点で上司の確認時間を確保する。
ナビ原稿・SW・創業ムービーのライティングを1人で完成	20	1.0	5．一発OK3本以上 4．一発OK2本 3．一発OK１本 2．一回修正 1．二回修正	・設計中にナビ・SWの構想を練る ・Legaseed作成のナビ原稿で近い業種のものを読んでからライティングする ・SWインタビュー前に大まかな流れを作成→上司確認をとってからインタビュー ・ライティング後、日にちをあけてからもう一度自分で読んだ後に確認に出す。
			5． 4． 3． 2． 1．	

いをしているか、という意味です。たとえばフィロソフィーの9に「GIVE∞」という項目があります。どれだけ仕事を効率的に進め、すべての目標を達成していても、「誰かのために進んで貢献」する姿勢が見られない人の評価は下がります。レガシードの場合、現状では入社時に、月給を最大7万円、年収でいうと84万円アップさせることができます。

ぜひ御社でも、インターンシップと内定者育成のシステムを整備・導入したうえで、学生の努力が報酬に結びつくシステムの導入をご検討ください。

時給ではなく価値換算の考え方を徹底する

インターン生もしくは内定者に、負荷の高い仕事をしてもらううえで、ぜひ伝えて欲しいのが「仕事の価値」です。

私は、誰でもできる仕事は「時給換算」。それに加え、価値を生み出せる人ができる仕事が「価値換算」になると考えています。つまり、最低限の給料以上の報酬を得るには、価値換算の仕事ができなければいけないのです。

自らが得る報酬を生む原資となる、仕事の価値を真に理解するには、自分たちの給料の内訳――月給が20万円、手当が2万円といった話ではなく、20万円を生み出す価値――を知らなければなりません。

レガシードでは、この価値を明確に伝え、理解してもらうために、社員や内定者がやっている仕事の価値を可視化しています。

たとえば、ABCDの4セクションがある、総額600万円のコンサルティングに関わっている社員は、「あなたは金額にして60万円のAに携わっています」「そのAの○割をあなたは担っています」と可視化していきます。

さらに、その「Aの○割」の仕事を達成するのに、自力だけで完遂したのか、先輩からのフォローを受けたのか、といった部分もチェックし、徹底的にわかりやすくしています。反対に、人のフォローをしている社員はその点も評価されます。

も「どれだけの価値をつくって、会社の利益に寄与しているのか」という点を知ってもらうのも、社員教育の一環です。この点に対する理解を深めることで、仕事に臨む意識も高まります。

また、価値換算の基準を社内に徹底すると、「根拠のない不満を抑える」ことができます。

時給換算の最低限の報酬からプラスアルファを得るには、価値を生む必要があるという、社会人としては当然の考えを浸透させなければなりません。そこが明確になれば、「これだけがんばっているのに、給料が安い」といった不満も生まれなくなるものです。

ただし、その考えを伝えるだけで、価値換算されるべき仕事をしている人材が、対価を得られないようでは、むしろ不満が生まれてしまいます。そのため、年齢に関係なく、成果を出せば報酬が上がるシステムと、前項でお伝えしたような、会社・社員の双方が納得のうえで完成させた、明確な目標や評価基準もセットで必要になりますが、決して軽視できないメリットです。根拠のない不満なら、「このような理由でその評価になる」と伝えられますし、会社に非があった場合も、すぐにミスが判明します。

ただし、このような風通しのよい環境を実現するには、まず会社側に「これこれこういうことで、あなたの報酬はこうなります」と言える確固たる価値判断基準がなければなりません。

この点は意外におろそかになりがちで、どの事業がどれだけの利益をあげ、どんな評価で社員の給料が決まっているのかを答えられない経営者は少なくありません。

ですから、新卒採用を機に自社の報酬体系を見直す場合は、まず現状の報酬体系がきちんと理に適い、成果を出した社員（内定者も含む）をしっかり評価できているのかを確認されることをお勧めします。

即戦力人材には、「ＰＤＣＡ」を回しやすい課題から与える

学生や内定者に与える仕事を考えるとき、ポイントになるのが、ＰＤＣＡサイクルの回しやすさです。

Ｐｌａｎ（計画）→Ｄｏ（実行）→Ｃｈｅｃｋ（評価）→Ａｃｔｉｏｎ（改善）を繰り返すことで、仕事の質を上げていくこの手法において、ＣとＡが肝心です。

結果の質を問わなければ、最初の計画を実行することは誰にでもできます。しかし、その結果を適切に評価し、改善していくのは簡単ではありません。また、仕事の内容で難易度も変わります。私たちの行う人事コンサルティングは、クライアントが10社あれば答えも10通りある仕事なので、特に定型的なＰＤＣＡを回しにくい業種に入ると思います。

「学生に負荷の高い仕事を与えて、育てる」と言っても、食料だけをもたせていきなり砂漠に放り出されては、優秀な学生でも対応できません。まずは、仕事の適切な進め方、うまくいかなかったときのリカバリーの仕方、うまくいったときの達成感などを徐々に知ってもらうことから始めましょう。

レガシードの場合は、顧客への電話フォロー、合同説明会の集客など、負荷の軽いものから取り組みつつ、一つひとつの業務のＰＤＣＡを回し、経験を積み重ね、自信をもってもらうようにしています。

また、経営者や先輩社員は、必要なら段階ごとにフォローすることを意識してください。課題（P）だけを与え、実行（D）の結果を判断するのでなく、評価（C）や改善（A）にも、必要に応じてアドバイスをすることが大切です。

レガシードの例を紹介します。弊社の内定者は、自社やクライアント企業の説明会の運営に参加するのですが、最初は「ハンター」という立場で、集客の目標を設定され、学生への声かけなどに注力することになります。先輩は集客成果や取り組みをチェックして、フィードバックやアドバイスを行います。このサイクルを繰り返して成果を積み重ねたハンターは、その資格をもった社員に承認されると「マスター」という立場に上がります。マスターになった内定者は、ハンターの指導が可能になるなど、仕事の幅が広がります。

仮に御社の業務が、一見、細分化できず、ＰＤＣＡを回しにくいものである場合は、これを機会に回しやすい仕事を用意してみてください。インターンシップ等のプログラムづくりにも繋がるはずです。内容的には、結果が数字で出るものがお勧めです。評価・改善がしやすく、数字が伸びれば達成感も得られます。

新人は「守破離」の〝守〟を徹底させる

言葉の定義を合わせる

守破離の〝守〟は、全ての仕事のベースとなるもの。学生に限らず、全社員に押さえてもらいたい、各企業の〝核〟となる心構えとスキルです。

2章でもお伝えしたように、優秀な人材は守の重要性を理解し、自らどんどん吸収していくための習慣や考え方を身につけています。しかし、企業側としても、その重要性を日々伝え、さらに意欲的に学んでもらうための工夫や働きかけを怠ってはなりません。そこで、ここでは育成する側に意識して欲しい、守を学ばせるうえでのポイントをお伝えしていきます。

そもそも「守破離」という言葉は、茶道や武道などを学ぶうえでの段階を示すものです。簡単に説明すると以下のようになります。

守：師の教えをそっくりそのまま忠実に守る段階
破：師の教えを全て自分のものにしたうえで、新しい工夫をして、教えになかった方法を試し、成長していく段階
離：自分の工夫と努力によって、師の教えから脱皮し、さらに修練と独学を重ね、自らの境地を築き上げる段階

そして、この守を学んでもらうために、最初にしなければいけないのが、言葉の定義を合わせることです。

言葉は生きる上でとても大切なものです。人間は言葉以上の認識はできません。「美しい」絵画を見ても、「美しい」という言葉や、その定義を知らなければ「美しい」と認識できないのです。私たちは、言葉を通して現実を認識し、イメージします。

ところがビジネスの現場では、この言葉の定義が揺れ動くことが少なくありません。たとえば、「今日中にメールを送っておいて」と依頼しても、23時59分までに送ればよいと解釈する人もいれば、16時など、先方が確実に退社していない時間までに送ると解釈する人もいます。言葉の定義を合わせることで、このようなギャップを防ぐことができます。

また、そうすることで、社内のストレスを軽減することもできます。組織内で生じる「怒りの感情」も、言葉の定義のズレが原因であることが多いのです。部下は「大丈夫です」と上司に言って、上司は信じて任せたのに実行されていないことや、上司が部下に「チャンス」と言って与えた仕事を、部下は「無理難題」と受け取っていることも珍しくありません。こういったことが日常的に続くと、社員同士の関係性に溝や亀裂が生じてしまいかねません。

さらには、新人や後輩、外部の人から「イキイキ働くってどういうことですか？」「なぜ会社は利益を上げる必要があるんですか？」と質問されたとき、社員が各々自分の見解で回答すると、後輩は混乱してしまいます。顧客もそのギャップを認識すると、不安を覚えます。「私たちはこう考える」という共通認識をもつことで、周囲を安心させられる回答をもたらすことにも繋がります。人それぞれの解釈が生まれてしまうと、同じ言葉でも定義が変わり、判断が変わり、結果が変わってしまうので注意が必要です。

特に、レガシードのような人事コンサルタントにとっては、言葉は商品そのものです。その言葉の定義が味わいとなります。採用支援を必要とする企業が、他社ではなく私たちを選んでくださるのは、言葉の意味づけが奥深いからだと自負しています。さらに、言葉は言霊であると認識し、積極的に言葉を紡ぎ、よりキレを増すための努力をしています。内定者にも同じような意識で言葉に向き合って欲しいと思っています。

そのような意識から、私は「LEGAWORDS（レガワーズ）」という単語集をつくりました。国語辞典のレガシード版と言えます。ここでは、レガワーズで定義している言葉の定義をいくつか紹介します。

○頭がいい人：目指す成果を最短距離で実現できる人。決して学歴でも知識量でも

ない。頭がいい人は、創り出したいゴールに最短距離でたどり着くために能力（「自力」と「他力」をうまく使う力）を最大限発揮する。また、自我よりも成果を重要視できるため変化できる。頭がいい人は自分のやり方を変えることを嫌わない。

〇いい会社：一回の訪問でいい会社かどうかを判断する方法が次のポイントである。目に見えるものが、心の表れである。逆を言うと私たちも判断されていることを忘れない。

・社員の挨拶が元気で明るい
・オフィスの環境整備ができている
※机がきれい・椅子が整っている・置いているものが整理整頓されている
・時間に対する意識がある
・部屋の空調（温度）を整えている
・出てくるお茶に深みがある
・エレベーターまでお見送りする

○大至急：全ての仕事を止めて即対応する。10秒以内にことに臨む。

○利益（1）：他人から与えられるものではなく、自分で稼ぐもの。相手が感じる付加価値の証。お客様の信頼や要求にお応えするためにお預かりする企業の維持費。利益がなければ、良いサービス提供の維持はできない。企業は利益によって安定し、発展し、永続し、皆さんや家族の幸せが守れます。

○利益（2）：売上から経費を引いた残りの額。お客様が私たちの提供するサービスに価値を実感していただき喜んでいただいた結果。すなわち私たちに対する信頼のバロメーターである。会社経営において利益を最大化するには、お客様への付加価値を最大化することで実現される。そして、常に私たちは利益最大化を目指す必要がある。

ご覧いただければわかるように、レガワーズは単なる意味の説明だけでなく、その言葉にまつわる、伝えておきたい私の考え方なども記しています。

会社によっては、まず言葉の定義をはっきりさせるところからのスタートになるかもしれません。

その場合は、特に重要な言葉以外は、定義が個々人で違いそうな言葉が見つかるたびに、アップデートしていくという形でもよいでしょう。それこそ、私自身も、よく社員に「こだわれ」と言うのに、定義されていなかったことに気づき、最近追加したばかりです。

○こだわる：お客様の目標を達成させるため、お客様の喜び、感動を創造するために一心不乱に全力で取り組むこと。具体的にはサービスの品質、コミュニケーションのスピード、問題解決力の3つを徹底すること。こだわっている人は次のことができている。

①顧客情報がすぐ言える（経営者の意向、制作進捗、数字進捗、打ち手）

②集中して取り組んでいる（歩くスピードが早い、会話が早い、キータッチが早い、出社が早い、食べるのが早い）
③オリジナリティがある（何も考えずただ使い回しをしていない、企画性がある）
④美的センスがある（ずれがない、漏れがない、ミスがない、雑でない、遅くない）

お客様の期待を上回る感動は強いこだわりから生まれてくる。こだわっているかどうかは成果物に必ず反映される。

また、時代によって定義が変わる言葉もあるでしょう。おそらくレガワーズも、永遠に未完成で、ずっとアップデートを重ねていくことになると思います。

ルールを守る習慣をつくる

言葉の定義を合わせたら、次はルールを守る習慣を身につけてもらいます。この2

つが、型を身につけるための両輪です。

前項で言葉の定義合わせの例として、「大至急」を取り上げましたが、レガシードには、「人に頼みごとをするときは、期限を明確にする」というルールがあります。そもそも、これを徹底できれば、「今日中」や「急ぎでやって」等の定義を知らない人でも、思い悩む必要がなくなります。

ここで言う「ルール」とは、自社で働くうえで必要となる考え方や、具体的な仕事の進め方など、多岐に渡ります。レガシードでは、環境整備・身だしなみ・個人情報保護・出張などの様々なルールを「COMPASS（コンパス）」という手帳型の経営方針書に記載し、朝礼で読み合わせを行っています。

また、ルールには、経営者が大切にして欲しいことを伝えたり、行動を促す効果もあります。私たちは社員だけでなく、学生にも日報を書いてもらっています。それだけ大切なツールとして活用している日報には、「決められた時間内に提出しないと評価が下がる」というルールを設定しています。

こちらも、まずはルールを決めるところからのスタートをしなければならない会社もあるかもしれません。遅かれ早かれ必要になるものですから、社員が気持ちよく働ける環境を整備するためにも、ぜひ考えてみてください。

ルールという言葉に「縛り」というイメージをもっている方もいるかもしれませんが、本来は守ることで、全員がストレスなく働けるようにすることが目的です。スポーツで考えても、ルールを守りながら凄いプレーができなければ、いい選手とは言えません。

制約を増やすのではなく、言葉の解釈の違いによって起こる問題を防ぐように、効率的な仕事のため、気持ちよく働くために必要なもの、と考えてください。

また、ルールが決まったら、明文化してシートなどにまとめたり、コンパスのような手帳や冊子にすることも大切です。

大前提として、学生や社員と共有するために文章化しなければいけないものですが、加えて、ルールの強制力を強化する効果もあります。

たとえば、ルール違反をした人が出たとき、口頭で注意をするだけだと、気の強い相手の場合、「言われてなかったので」などと反発されたり、無視されたりすることもあります。しかし、文章化されていると、それを示すと意外に素直に従ってくれるものです。

ちなみに、言うまでもないことかもしれませんが、学生と社員の間でルールの線引きは不要です。内定期間中に、「ルールを守る習慣」も含めた〝守〟を身につけることで、初めて即戦力の新卒社員が実現できるのです。

期待役割を明確にする

言葉の定義を合わせ、ルールを守る重要性を理解してもらうことができたら、学生たちに仕事における期待役割を伝えてください。ここまでが、旅に出る前の準備とすれば、これから向かう行き先を共有する作業です。

期待役割のレガシードにおける定義は、「等級（階層＝グレード）と職種によって定義される『何を役割として期待しているのか』という『会社が示す』役割の定義」

というものです。

私たちは、この定義にあるように、人事評価の根拠となる等級制度を導入しており、たとえば新人や内定者は「Ｅｇｇ」という等級になります。そして、各等級・職種ごとの期待役割を明確にしています。

たとえば、Ｅｇｇ（等級）のコンサルティング（職種）におけるミッションは、

- **担当クライアントと信頼関係を醸成し、採用を成功に導く**
- **クライアントの採用活動を成功に導くための基本業務を行う**
- **会社説明会の動員目標を達成するための集客活動を行う**
- **レガシードの採用プログラム、インターンを運営する**
- **レガシードの商品・サービスの魅力を伝え、共感を得る提案をする**

このような内容になっています。

当然ながら、学生は社会人として働くことに慣れていません。明確な目標があって

初めて、自分たちが何を期待されているのかを理解できますし、その目標がまだ遠いものであっても、現在地の把握をより正確にできるようになります。

また、期待役割を設定するうえでポイントになるのは、プラスアルファの希望も考えておくことです。優秀な学生は、おどろくほど簡単に会社に順応し、どんどん成長していくことも珍しくありません。そのため、いまの段階で果たして欲しい期待役割だけではなく、さらに可能であれば達成して欲しいことも明文化しておく必要があります。

加えて言うなら、そのプラスアルファすら飛び越えてしまう才能もいるものです。期待役割が明確になっていない会社の場合、学生に限った話ではなく、全社員に対しての期待役割も設定しましょう。そうすれば、目標をクリアできた学生は、自動的に1つ上の段階の期待役割を目指すことができます。

大切なのは、期待役割の設定と、そのシステム運用を通じて「これだけやればいい」ではなく、「他にもやらないと」と思わせることです。

私は、成果主義＝個人主義とは考えず、周囲の仲間と助け合うことを当たり前にして欲しいと考えます。その思いを伝えるために、各人の仕事の進捗は全員で共有するようにしています。そうすることで、周囲の人の目標達成を応援して欲しいと願っています。

これだけでは、わかりにくいメッセージかもしれません。しかし、レガシードのフィロソフィーや評価制度と照らし合わせれば、自分の目標が達成できたら、どんどん上を目指すことだけではなく、達成できていない仲間のフォローも求められる会社だとわかるようにしています。

たとえば、Ｅｇｇの上のリーダークラスには、チームプレイでないと達成できない期待役割を設定しています。また、個人で担当する企業数にも制限を設けています。そうすれば、Ｅｇｇたちが担当企業をいくつかもつことになり、リーダーは必然的に、そのフォローと育成を重視することを求められます。

目標の設定と運用には、否応なしに経営者の想いが投影されます。逆に言えば、目線の低い期待役割は、優秀な学生に見透かされてしまいますので、気をつけなければなりません。

目標は与え、方法は自分で考えさせる

私は、経営者や上司は、部下の仕事そのものに口出しをしないほうがよいと考えています。特に仕事の進め方については、リーダーの伝える型を大きく逸脱しないかぎり、本人の自主性に任せるようにしています。レガシードの従業員は、前述したように会社と話し合い、年間目標を決めていますが、「目標に到達する方法」は、自分（やチーム）で考えさせるようにしています。

会社が方法を指示すれば、優秀な人材だけに問題なく仕事をこなしてくれるでしょうし、自分で考えるよりも効率がいいので、目先の生産性はよいかもしれません。しかし、そうすると、仕事が受動的な「作業」になってしまうのです。

同じ仕事でも、能動的に取り組んだ場合と、受動的に作業としてこなした場合とで

は、得るものの大きさが違ってきます。方法を自分で考えさせることで、内定者の成長が促進されます。また、達成感にも大きな影響が出ます。自分たちでつくった道筋だからこそ、「達成したい！」と意欲が湧き、達成後も大きな喜びと、次のプロジェクトへの意欲が生まれます。

前項で、レガシードの期待役割と、その運用についての私の考えについて触れましたが、経営者や上司の純粋な「想い」はどんどん発信するべきだと思います。ただし、具体的な方法の指示などは控えておきましょう。そのようなアドバイスは、助けを求められてからで十分です。

日報で成果と行動を共有する

基本的には自分で考えさせ、場合によっては周囲がフォローできる体制をつくるには、日報を活用するのがお勧めです。チーム内で日報を共有している会社は少なくないと思いますが、私たちは他部署も含め、アルバイトやインターン生以外は全社員の日報を見られるようにしています。

レガシードでは、各人が思ったことを素直に書いています。仕事がうまくいかないときに、精神的な落ち込みを吐露する人もいますが、私としては健全な運用がなされていると考えています。むしろ、当たり障りのないことしか書けない人のほうが、精神的に追い込まれている可能性があると思うからです。

ネガティブなことを書いて欲しいわけではありませんが、素直に弱音が吐けることで、周囲の仲間も虚心坦懐《きょしんたんかい》にコメントし、フォローやアドバイスをする文化ができているのです。

正直に言えば、みんなが見ていると、言いたいことを書けない、と考える読者も多いでしょう。ネガティブなことを素直に書き込める状態は、意識的に空気をつくっていかないと実現できないと思います。

みなさんの会社が同様のシステムを導入する場合は、そのことを自覚して、経営者自らが例を示すなどして、下地をつくっていく必要があります。そのような観点で見ると、社会の色に染まっていない内定者に思うままに書いてもらうのも、いいケーススタディになるかもしれません。

ちなみに、レガシードでは、日報と合わせて週報を活用して、目標管理をしています。日報はどうしても日記的な内容が多くなります。各人の考え方や、精神面を把握しやすいメリットもありますが、仕事の進め方についてのアドバイスや、ＰＤＣＡを回すための評価をする上では、具体的なデータが不足しがちなデメリットもあります。

私たちは、その点をカバーするために、次の６つの情報を週報にまとめる（もちろん日報でも意識するべきポイントです）ルールを定めています。この内容は毎週行うリーダー会議でも共有します。

- **数字（実績報告）**
- **お客様からの声（褒められたこと・クレーム）**

・ライバル（競合）の情報
・市場やビジネスパートナーの情報
・スタッフや部下の情報
・自分の考え（所感）

情報は得た瞬間から腐り始め、時間が経てば経つほど不正確になりやすいので、新鮮なうちに共有することが大切です。しかし、整頓せずに伝えるとチェックしにくくなるので、受け手のところで時間がかかってしまいます。

そのため、日報や週報を単に使うだけではなく、情報を共有するルールも整備することが大切です。

内定期間中に学生を「社員」「仲間」にする

社内イベントに参加してもらう

前項まで、内定者がオフィスに出勤し、社員と同じように働くことを前提として、重要な考え方や取り組みについて触れてきました。

即戦力人材の育成において、現場で負荷の高い仕事に携わることは欠かせないポイントですが、それ以外にも、できることはたくさんあります。ここでは、私たちが実践している、一般的な業務以外の面での取り組みを紹介します。

レガシードは、早朝勉強会、各種研修、経営計画発表会、社内表彰式「レガシード・アワード」まで、内定者には可能な限り、全ての社内イベントに参加してもらうようにしています。レガシード・アワードの候補者には内定者も含まれ、投票権ももっています。社員を差し置いて受賞する可能性もあります。

基本的には全体会議にも毎回参加してもらい、学校の都合などでどうしても参加できない人がいたら、撮影しておいた映像を見てもらっています。

これは、どんな企業でもすぐに実践できる取り組みだと思うのですが、ほとんどの企業はそうしていません。内定者が参加するとしても、せいぜい忘年会くらいではないでしょうか。それも、「参加」というよりは、ゲストとして「登壇」し、「来年の新入社員です」と紹介されて挨拶をする程度の内容が一般的でしょう。

私に言わせれば、本当にもったいないことです。

社員と別け隔てなく扱い、社内イベントに参加してもらうことで、内定者は会社に対する愛着を覚えてくれますし、社会人としての責任感も育まれます。動機づけのよい機会と考え、どんどん参加してもらいましょう。

逆に言うと、内定者が参加できない社内イベントなど、基本的にはありません。仮に「これは内定者には参加して欲しくない」と思う社内イベントがあるとしたら、そのイベントの内容に問題があると考えるべきでしょう。

内定者合宿を定期開催する

内定者の育成においては、個々の成長だけでなく、「その年の内定者」というチームでとらえ、集団作業に慣れてもらったり、内定者同士の絆を育む意識も大切です。どれだけ優秀な人材であっても、社会に出てから一切挫折なく過ごせるものではありません。むしろ、1章で触れたように、私としてはどんどん失敗して欲しいくらいなのですが、失敗をした本人が大きなショックを感じてしまうこともあります。そんなとき、同期の仲間との関係性が深まっていれば、落ち込むことがあってもがんばろうというモチベーションになりますし、周囲の同期も積極的にフォローしてくれることが期待できます。

内定期間中から働いてもらうことには、このような絆を育む効果もあります。しかし、インターンシップを通年で実施している企業であっても、内定者が全員オフィスに出勤し、顔を合わせる機会には限りがあります。内定者が遠方在住であることも考えられます。

そこで私がお勧めしているのは、日常業務以外に、内定者同士が顔を合わせる場を用意することです。レガシードの場合は、内定者合宿を定期的に開催するようにしています。ちなみに、チームの絆を育むことが主目的なので、内定者が一人で、チームビルディングの効果が見込めない会社なら、合宿のような場は必要ありません。

次項で説明しますが、合宿のような濃厚なイベントとは別に、私たちは月1回の内定者研修を行っており、クライアントにも強くお勧めしています。そのため、合宿の内容は、研修ではできないものにして、差別化を意識しています。

レガシードの場合、研修でも、参加者が能動的になる体験型のワークショップを行うようにしているのですが、合宿は内定者に、より主体的に、意欲的に会社や仕事にコミットしてもらうような場にしたいと考えています。それこそ、内定者同士で「こんな合宿にしたい」という意見の一致があれば、場所だけ用意して、あとは完全にお任せでもいいと思うくらいです。

直近のレガシードの内定者合宿では、この章の冒頭でもお伝えした「価値換算」の定義の解釈に、内定者の間でブレがあると感じ、全員で認識を1つにするべく話し合いをしてくれたそうです。それも、自分たちのため、というよりも、ブレが出た理由などを確認することで、今後の内定者がブレなく共有できるように、という考えがあったといいます。入社前の時点で、内定者にそのような当事者意識をもってもらうことができれば、育成の成功は約束されたと言っても過言ではありません。

毎月内定者研修を実施する

前項でお伝えしたように、レガシードは内定者向けの研修を毎月実施しています。本項では、私たちが行っている「ACE」という研修プログラムを例に、研修のポイントをお伝えします。

内定者研修で意識していただきたいのは、以下の3つです。

- **内定者のフォローアップ**
- **学生から社会人への意識改革ができるプログラム**
- **「理解」よりも「体得」を目指す体験型のワークショップを行う**

私としては、内定者が社員同様に働く機会は必要不可欠、と言いたいところなのですが、どうしても長期インターンシップなどの導入が次年度以降になるなど、すぐにできない会社もあるかもしれません。そんな会社ですと、定期的な研修が最大のフォローアップの機会になります。

研修の際に本人を見て、モチベーションをチェックし、ネガティブな要素が見受けられた場合、早めに対策を講じて内定辞退を防ぐこともできます。研修の前後に、教育や懇親の場を設けるのもよいでしょう。

そして、フォローアップの効果を発揮するには、何よりプログラムの内容そのものが魅力的でなければなりません。

レガシードの「ACE」研修では、まず「チャンスをもらえる新人とは」「行動する人としない人の思考の差」といったテーマで講義を行うようにしています。手段には様々なものが考えられますが、目的は入社前に「社会人としての意識」を身につけてもらうことです。社会で活躍するために必要な、習慣や考え方を伝えることをお勧めします。

続いて、社会人の第一歩として大切なビジネスマナーを学んでもらいます。ＡＣＥでは講義ではなく、資料を用意し、内定者が自分たちで調べて、他の人にレクチャーし合う体験型のプログラムにしています。最後に、講師がレクチャーしていた内容をチェックして、間違いがあれば指摘する必要はありますが、自分たちで動き、能動的に得た知識は、浸透度の深さが違います。

こうして、能動的に動くことの大切さを内定者に知ってもらったうえで、入社をしてもらいます。また内定者同士で半年間かけて作成してもらうものがあります。次で詳しく説明します。

次年度の採用パンフレット作成を行う

レガシードの「ＡＣＥ」研修では、内定者に次年度の採用パンフレットを作成してもらいます。他社の内定者と一緒に実施するので、よい意味で競争意識も芽生えます。

このワークショップには、様々な効果が期待できます。

継続的に優秀な新卒人材を採用したい企業にとって、採用パンフレットは重要なツールです。プロに任せても、納得できるものをつくるのは簡単なことではありません。その制作を内定者に任せるのは、彼・彼女らを成長させるために有用だからです。責任ある負荷の高い仕事だからこそ、任せるに値します。

実際に制作を進めるうえでは、自社のことを隅々まで理解する必要があるため、会社の理解が深まり、各部署の仕事の進め方も学べます。このパンフレットをどのタイミングで配布し、どういった学生に何を伝え、どんな気持ちや行動喚起をさせたいのか考え、逆算して創り上げることを学ばせます。

内容については、都度社内で確認します。内定者ならではの新鮮な視点が入り、素晴らしい内容になる部分も多々ありますが、社会経験の少なさから、NGを出さざるを得ない部分も出てきます。そのようなやり取りを通じ、内定者は学生目線から見るとOKでも、社会人目線だとNGとなる部分を知り、社会人の感覚を学んでいきます。

中身が完成した後の印刷工程も、内定者に任せます。

このとき、よくあるのが、相見積もりをしないことです。普通なら、3社くらいで相見積もりを依頼するところですが、1つの印刷会社しか探さない学生が非常に多いものです。こうした際に、一声かけて仕事の進め方を知ってもらうわけです。

さらに、ACEの特徴として、複数社の内定者を集めて開催することがあげられます。ライバルがいることで、プログラムの進捗に差が出ると、負けないように競争意識が芽生えてやる気が出ますし、チーム対抗戦の色も出るので、自社の内定者同士の絆も深まります。

内定者を次年度の採用チームに入れる

これまでに何度か触れているように、レガシードの内定者は、パンフレットづくりや合同説明会の運営など、自社の新卒採用の様々な局面で活躍しています。

私たちが人事コンサルティングの会社であることから、こうした活動を促している わけでなく、どんな業種の会社にもお勧めしたい施策です。必ずや、御社にも効果が あり、なおかつ内定者の成長も促進してくれます。

学生にとって一番年齢の近い先輩が、その会社をなぜ選び、内定を受けるに至った のか、という話は、身近に感じられ、なおかつ説得力もあります。学生に自社の魅力 をPRするうえで、社員以上に適役となる可能性もあります。

また、「類は友を呼ぶ」の考え方で言うと、内定者は、次なる優秀な即戦力人材を 呼びこむキーパーソンでもあります。

前項でお伝えした、内定者による採用パンフレット制作を実施していると、「苦労 してつくったから、仲間にも見て欲しい」という思いから、後輩にも広がりやすくな ります。ぜひ、内定者を採用チームに入れるなら、セットで実施を検討していただき たい施策です。

選考段階から育成を意識する

内定者の育成で重要なのは、たとえば、「1人で企画立案ができる」「1人で顧客先に営業ができる」など、入社の時点で達していて欲しいレベルをあらかじめ設定しておくことです。明確なゴールがなければ、途中のルートも明確なものにはなりません。

ここでは、そのゴールを設定するために必要な考え方や、参考になる事例を紹介します。

まず重要になるのは、ゴールを設定する前に、スタートの位置を見直すことです。

実は、育成は選考段階から進めることができます。

多くの企業は、説明会で学生と出会ってから内定を出すまでに、見極め、魅了することに集中しています。レガシードはそこに「育成する」も加えています。選考プログラムの中に、育成を意識した課題を入れることで、課題解決力を育んだり、自社を理解してもらうことができます。

未来の組織図を見せる

内定者の育成のゴールを設定するうえでは、繰り返しお伝えしている、優秀な人材が入社することで起こる成長も踏まえた、未来の明確なビジョンが必要不可欠です。できるだけ詳細な組織図も考えておくことができると、ゴールの設定により役立ちます。

選考段階や内定を出したあとに、学生にその未来予想図を見せて、自分の行きたい場所を考えてもらうこともお勧めです。本人の希望する未来像にたどり着くために必要な経験、スキルなどを考えることで、そこに続く道の途中にある、入社日時点での目標や過ごし方も導き出すことができます。

私が最近感動したのが、採用活動をお手伝いしている株式会社プリマベーラの未来予想図です。同社は10年後の組織図をボードにして、社員のみなさんが「この部署のトップ」「この子会社の社長」といった形で、10年後にいたい場所に顔写真を貼っておられます。

レガシードも1年後の組織図については、かなり詳細に作成しているのですが、長期目標の可視化はできていませんでした。社員がよりワクワクするために、10年後のビジョンは大切だと感じたので、私もＴＴＰ（徹底的にパクる）させていただく予定です（笑）。

できるだけ高いゴールラインを設定する

レガシードが内定者に求めるゴールは、入社日に「社会人経験3年目」と言えるレベルです。

私たちは通年でインターンシップを実施しているので、入社して欲しい人材には、選考段階から現場に入ってもらうことができます。そのため、内定前に1年分、内定期間中にもう1年分の経験を積むことで、「3年目の新卒社員」が実現可能な体制になっているのです。

読者のみなさんが、同じようにゴールを設定する際に、大切なポイントがあります。それは、「最低限これだけやってくれれば」など、引いた目線の予断を入れないことです。「優秀な学生・新人なら、これくらいやって欲しい！」というワクワクできる夢で線を引いてください。

なぜなら、夢のラインが低くなると、その分だけ実現も遠ざかるからです。

今日、日本人メジャーリーガーの活躍は当たり前の話になっています。野茂英雄氏のような突破者が登場すると、その活躍を自分に当てはめ、リアルにイメージできるようになり、後に続く人が飛躍的に増えます。これは、私たちの働く組織にも言えることで、高い目標であっても、クリアしてくれる人が1人でも出ると、それが新たなスタンダードになります。

ですから、「これだけ優秀な学生なら、ここまで期待しても応えてくれるのでは……？」と、経営者の理想を目一杯盛り込み、目標を考えてみてください。

事業をつくる人材を目指す

自社の未来の組織図を考えるうえで、抜け落ちてしまいがちなのが、現在は取り組んでいない事業を行う可能性です。つい、既存のビジネスを伸ばすことばかり考えてしまいがちですが、人口減少やＡＩの進化によって、10年後、20年後には縮小を余儀なくされる可能性が高い事業も少なくありません。

そのような事業をメインに行う会社が、ゴーイングコンサーンであろうとするなら、むしろ新規事業の方向性を探ることが必須となる可能性が高いです。前々項で触れたプリマベーラのように、子会社を設立するくらいの勢いで、自由闊達に想像を巡らせてください。

このような、新規事業に進出するビジョンそのものの魅力で、新卒採用に成功した企業の事例もあります。

レガシードが採用活動をお手伝いしている、岡山県でガソリンスタンドの運営を中心に事業を行っている株式会社渋谷石油は、新事業として、飲食店の経営を始めています。

渋谷石油は、新規事業を始めること、そのための人材を採用したいことを前面に押し出して新卒採用を行い、同社で史上初となる、岡山大学・岡山理科大学卒の理系の人材を4人採用することに成功しました。

どれだけ優秀な人材であっても、20代前半で新規事業の立ち上げ・運営に、中核メンバーとして参画できるチャンスは、自身で起業する場合を除けば滅多にありません。理系のイメージが少ない、ガソリンスタンドを運営する会社に、国立大学の理系の人材が注目したのも、そのチャンスに興味を惹かれたからでしょう。

そうやって入社した新入社員たちは、1年目にガソリンスタンドで実務を行っていました（そのことは採用活動中に伝えたうえで）。そこでの取り組みも、飲食事業をやることを意識して、「どんな仕事をすればリピートに繋がるのか」といった視点をもって働き、既存社員にも刺激を与える仕事ぶりを見せてくれたそうです。

私はよく、中小企業の経営者から「本当に優秀な人材が入ってくれたとして、自社にマッチするのだろうか？」という質問を受けるのですが、インターンシップなどで見極めができていれば、入社後も折り合いよく働いてくれます。また、何よりも大きな効果として、既存社員の成長も期待できるのです。

本当にやる気のない既存社員がいたら、はっきり言って合わないかもしれません（その場合は既に述べたように、改革を優先するべきです）。しかし、そうでなければ、優秀な新入社員に引っ張られるように、組織全体のボトムが引き上げられます。

あまり若者に人気のない業界や、将来性に心配のある事業を行っている会社には、ぜひ意識して新規事業も含めた未来予想図を描いていただければと思います。

ただし、新規事業なら何でもいい、という話ではありません。3章で述べた学生向けの施策のように、「自社でやる意味」がなければ、絵に描いた餅にしかならないでしょう。

実は渋谷石油は、単なるガソリンスタンド運営会社とは一味違う会社です。

ガソリンをただ給油する会社ではなく、「お客様の人生に寄り添う仕事」と考えて清潔で居心地のよい空間を心がけ、全国の昭和シェル石油系のスタンドの中でも屈指の売上を誇っています。車の整備・車検、新車や中古車の販売、レンタカー事業も手がけ、自社の社員をガソリンスタンドの従業員ではなく、お客様の人生を、車を通じてよくする「カーライフプランナー」と位置づけているのです。

つまり、同社の目的は「お客様に喜んでいただくこと」であり、ガソリンスタンドの運営は手段でしかありません。

そして、岡山県は全国ワーストレベルで外食率が低いそうです。もしかしたら、県民性の違いのようなものも少しはあるのかもしれません。しかし、そこまで低いということは、単に「外食に行きたい店」が少ないのではないか、と同社は考えました。

この考えは、裏を返せば「そんな店をつくることができたら、お客様の喜びに繋がるのでは？」という問いにも繋がります。

つまり、手段が一見大きく違うため、突飛《とっぴ》な新規事業に見えるかもしれませんが、渋谷石油のビジョンや思いにはブレがないのです。また、そうでなければ、新規事業の立ち上げに魅力を感じてエントリーするところまでは言っても、優秀な人材を魅了して、入社を決意してもらうことは難しいでしょう。

現在の事業以外の可能性を考えるうえでは、自社がやる意味、経営者が心からチャレンジしたいと思えること、社会において果たせる役割などを強く意識してください。

試合以外の時間の使い方を学ばせる

成長する人材は、2章で述べたように、自己鍛錬の習慣をもっています。

とはいえ、その習慣がある人だけがんばってくれればいい、という話ではありません。会社が意識的に、自己鍛錬の重要性や、そのやり方を内定者に伝えていくことが大切です。

基本的には、働いている時間の多くは、野球で言えば「試合」の時間です。試合で結果を出すには、日々の生活でコンディションをキープしたり、試合以外の時間に効率よく「練習」を積み重ねることが必要になります。いかに練習の質を高めるか、また、日々の健康が仕事の質を左右するか、といったことを伝えていきましょう。

このような考えや、経営者が重視している要素を伝えるには、制度化することがお勧めです。単に口で伝えるよりも雄弁で、長く続けることで会社の文化になってくれます。

レガシードの場合、健康への意識については、ジャンクフードを食べることを禁止し、ランチをつくり合う制度を導入しています（食費は会社もちです）。会社の退社も21時までと徹底させ、「残れ9」という制度を導入しています。「時間をかけることを美学にしない」という、残業を奨励しない文化をつくっています。練習については、毎朝始業前に有志で集まって勉強する時間を設けて、参加した内定者や社員には、１日

500円の手当を出す制度を導入しています。正直に言うと、理想は全社員が業務時間外に質の高い「自主練」をしてくれることです。しかし、自主練を強制すると、単なるブラック企業になってしまうので、楽しみながら自己鍛錬の習慣を身につけて欲しいと思い、このような制度を考えました。

このような、試合で活躍するための習慣や意識は、特に内定者に学んでもらう意義が大きい要素です。

なぜなら、ベストパフォーマンスを発揮できる時間の使い方は、自由に使える時間が多いうちに身につけておくべきであるからです。結婚をして家族が増えると、自分の時間が少なくなるため、ベースとなる型がなければ、忙しくなったときにうまく調整できません。

また、試合の重要性を理解してもらうことも大切です。本番への意識が高くなければ、そのための準備もおろそかになってしまいがちです。その意味では、内定者にはできるだけ負荷の高い仕事を任せたいところですが、「いつでも試合に出られる」と思わせないことも必要です。

チャンスを与えられている意味や、会社を変えて欲しいという期待が理解できていないと感じられる内定者がいたら、時給換算の仕事を多めに任せるといった荒療治をしてもよいでしょう。時給換算と価値換算の違いを学んでいる優秀な人材であれば、その真意に気づいてくれるはずです。

ほどよい競争意識と、強い共創意識をもたせる

優秀な人材は、競い合うことで、より磨かれ、成長します。

ですから、内定者研修「ACE」の例のような、競争意識が芽生える仕掛けを、社内でも実施したいところです。

レガシードでは、チーム編成をするときに、同じくらいの立ち位置の内定者・社員を複数入れることを意識的に行っています。前述したように、弊社は全従業員の目標

を可視化しているため、目標レベルが近いチームメンバーに、ほどよい競争意識をもって「自分もがんばろう！」と気合を入れてもらいたいと考えています。各内定者の内定期間中の目標シートは公開し、進捗状況も共有されるようになっています。

ただし、あくまでも「ほどよく」が肝心です。競争意識が高まり過ぎると、自分が先んじようと、仲間を助けられる場面であえてフォローしない、といった問題が生じかねません。1人では不可能な、大きな成果をあげるためには、絆で結ばれたチームによる「共創」が必須です。また、絆があればこそ、ライバルを見て「負けないぞ」とほどよく燃えることができます。

私は、毎年レガシードの内定者に、「ライバルだけど、伝説の内定者集団をつくれ」と伝えています。野球の「松坂世代」のように、競争し、共創することで、周囲から抜きん出て見える黄金世代を築き上げて欲しいという思いからです。

第5章

即戦力人材が定着する職場環境のつくり方

即戦力人材は離職しやすい!?

会社も社員も不幸にする早期離職

私が考える新卒採用の新常識をお伝えしていると、多くの経営者にまず、「中小企業がそんなに優秀な人材を採用できるのか?」という質問を受けます。そして、本書でお伝えしているように、実例などを示して可能だと答えると、次に「しかし、入社しても、いつか辞めてしまうのでは?」と心配の声をお聞きします。

確かに、当然の疑問であり、重要なポイントでもあります。全社一丸で新卒採用に臨み、優秀な人材に入社してもらうことができたのに、すぐに退社してしまっては台無しです。

そこで、この5章では、優秀な人材に長く働いてもらうために、意識したい職場環境について説明していきます。

厚生労働省が発表している「学歴別卒業後3年以内離職率の推移」によると、2013年3月卒の大学卒の3年以内離職率は31・9%となっています。ちなみに、他はさらに高く、「短大等卒」「高校卒」は40%、「中学卒」は60%を超えています。

近年、早期離職の問題が注目を集めていますが、実はこの数字は常に高く、大学卒は1995年3月卒からずっと30%を超えていますし、その前も30%に近い数字で推移しています。

つまり、若者の早期離職はいまに始まったことではなく、社会や企業は、防ぐ手立てをずっと打てずにいるのです。

これを改善できずにいるのは、非常に大きな問題です。また、当然ながら、簡単に対処できる問題でもありません。特に、初めて新卒採用にチャレンジする企業の場合、ビジョンの確立や、マッチングの見極めなどに不備が出てしまい、始めて3年くらいは離職が起こりがちであるというのが、正直なところです。

早期離職は、企業だけの問題ではありません。もちろん、大変な労力と費用をかけて採用した社員が辞めてしまうと、会社が受けるダメージは大きいです。

しかし、早期離職は、辞めてしまう社員にもダメージがあるのです。そのことを決して忘れてはなりません。

ポジティブな転職以外の理由で早期離職をしてしまった人の多くは、再就職先で条件や労働環境が悪化しがちです。繰り返し述べているように、会社には人材を育てる責任があります。社員の人生を背負い、幸せにする責任を認識し、日本中の企業がもっと本気で、離職率を下げる努力をして欲しいと思っています。


もちろん、離職率を下げる努力をまったくせずに、「辞めたら代わりを探せばいい」と思っている経営者など、ほとんどいないことは理解しています。

多くの中小企業が、新卒採用で人材を吟味できないと思い込んでしまうように、否応なしにそうなってしまい、新入社員の3割が辞めてしまうのは、仕方のないことだと思い込んでしまっているのです。

しかし、離職率を下げることは可能です。

そのためには、「採用活動から変える」ことです。

実は、これだけ離職率が高いのは、企業の採用活動に問題があるからなのです。

詳しくは次項で説明しますが、環境づくりを考える前に、まず採用活動を見直すことから始めましょう。

よくある離職の3パターン

よくある離職のパターンは、以下の3つです。

①成果が出ない
②見通しがもてない
③独立したい

最も多く、最も理論的に対処可能なパターンが①「成果が出ない」です。思ったように成果があがらないと、人は「この会社に自分がいてもいいのか」と不安な気持ちになります。さらに、周囲の見る目が厳しくなり、いよいよ居心地が悪くなって「退職」という言葉がちらついてくるものです。新卒で入った会社を、成功体験がないままに離職すると、再就職でも苦戦し、条件等が悪くなる可能性も高くなります。

しかし、このパターンの離職は、レガシード流の採用活動で防ぐことができるのです。会社で働き、成果を出すには、その組織で求められる能力と、風土や人間関係になじむ人間性が必要です。裏を返せば、スキルフィットする人材を探し、さらにインターンシップなどによって現場でのカルチャーフィットもチェックできれば、対応できる問題なのです。

言い換えれば、離職の芽を採用活動の時点で摘む、ということです。だからこそ、人材の品質と、自社に合う人かどうかの見極めで、妥協をしてはいけません。

たとえば、「能力は申し分ないけど、ウチの気風に合わないかも……」と認識しつつ、妥協点を解消しないまま採用して早期離職が起こったら、御社のみならず、その方にも不幸な出会いとなってしまいます。彼・彼女らに対して、3億円を投資するに足る人材かを徹底的に考え、悩み抜いた末にゴーサインを出せる人材だけを採用すれば、そのような事態は避けられるはずです。

あえて厳しい物言いをすると、「人材を吟味しない採用」をするから、早期離職が起こり、企業・離職者の双方が不利益を被るわけです。

また、これは新卒採用したい優秀な人材だけでなく、既存社員にも言えることです。はっきり言って、全社員が満足する1つの施策は存在しません。「あちらを立てればこちらが立たず」になってしまうからです。

たとえば、自己鍛錬をまったくしないために、能力不足で成果が出ない社員がいたら、その人が成果を出せるように、要求するレベルを下げるのは間違いです。日々努力をして、成果をあげている社員が不満に思うことは目に見えています。

ただ、要求のレベルは下げないが、いまの部署よりも成果をあげやすい部署を探し、積極的にアドバイスをするなど、何かしらの工夫は考えられるはずです。

即戦力人材のやりがいを社内で発揮させる

即戦力人材の場合は、早期離職の最大の理由である①「成果が出ない」の心配が少ない代わりに、②「見通しがもてない」と③「独立したい」という理由で辞めてしまう可能性が高くなります。

この2つについて、一番効果的な施策は、既に述べた未来の組織図を常にアップデートし、社員に見せることです。ビジョンを可視化して、チャレンジしがいのある、新しいステージを常に用意しておくことを意識してください。

「成長し続けることができたら、ここまでたどり着ける」「会社の中でも、まだまだレベルの高いチャレンジができる」と感じてもらうことができれば、やりがいを求める人材の離職を防ぐことができます。

②については、レガシードでは、キャリアステージや賃金テーブルをできるだけ詳細に見える化するようにしています。努力して成長することで、ワクワクできるチャレンジが可能となる企業であれば、わざわざ外に出てチャレンジする必要がなくなります。

また、レガシードは現在、株式上場を目指しているのですが、達成した暁にはストックオプション制度を導入する予定です。会社の成長に貢献すると、社員もその分だけ経済的に豊かになる仕組みをつくることを目標にしています。チャレンジを求める優秀な人材にとって、最もチャレンジしがいのある組織がレガシードでありたいと思っています。

③については、子会社の社長など、いまの会社で働き続けることで組織の長になれ

る可能性が見える化された未来予想図を作成してください。独立志向の強い人は、それを秘めずに周囲に日頃から伝えているものです。そのビジョンをヒアリングして、暖簾分けという形で、その社員の夢を実現できるビジョンを見せられるとよいでしょう。

ただし、当然ながら、社員が独立してやりたいことと、自社の未来のビジョンが一致するとは限りません。その場合は、経営者が折れるわけにはいきません。

そうなってしまったら、独立を無理に止めるべきではありません。大切なのは、ネガティブな離職を減らすことです。自社にはダメージがあったとしても、本人にとってポジティブな離職の場合は、素直に祝福し、送り出してあげましょう。

出戻り制度をつくり、退職を後悔するほどの会社にする

独立を希望する人材を気持ちよく送り出すことは、離職率を下げる施策でもありま

す。

独立を果たせるだけの人材は、一人だけとは限りません。むしろ、優秀な人材の採用に成功すれば、同じように優秀で、独立志向のある人材が集まります。

そのような社内環境下において、独立を希望する人材の夢を阻むようなことがあれば、優秀な人材ほど、自社で働き続けることに夢を抱けなくなってしまいます。

これは、会社に残る人だけではなく、辞めてしまった人に対しても効果があります。多くの場合、独立する人材は、自社と同じか、近しい業務を行う会社を設立します。喧嘩別れさえしなければ、独立した人材と協業することも考えられます。場合によっては、子会社設立と同じような形で、自社の業務を広げる契機となる可能性すらあります。

また、お勧めしたいのが、退職者（独立に限らず）がいつでも復職できる出戻り制度を導入することです。特に新卒社員は、他の会社のことは自社を出なければわかりません。終身雇用が当たり前ではなくなった現在、違う環境で働いてみたいと思う人の気持ちも理解できます。

私は、別のチャレンジをしてみたいと思い退職した人が、他社で経験を積み、「やっぱりレガシードがいいな」と思ったなら、いつでも戻ってきて欲しいと考えています。実際に弊社でも、退職者の出戻りの事例が既にあります。

加えて言うなら、独立したいと考える人材の決断のタイミングが、やや拙速《せっそく》に過ぎる可能性も否定できません。

野球には「名選手、必ずしも名監督にあらず」という格言がありますが、プレイヤーとしての力量と、マネージャーとしての力量が一致しないことは、ビジネスでもよくあることです。成果を存分に出せるようになった人が、会社による集客や仕組み抜きで、同じように活躍できるとは限らないのです。

そのような人材が独立して失敗してしまっても、問題はマネジメントの軽視にあって、プレイヤーとしての力量は折り紙つきです。本人が望めば、戻ってきてもらえばよいでしょう。

ただし、「気持ちよく送り出す」とは言っても、経営者たるもの、心の中では悔しく思う気持ちはあって当然です。理想は、「辞めたことを後悔させてやる」と意欲を燃やし、退職者が「辞めるんじゃなかった」と思うくらいに会社を成長させることです。そうすることで、優秀な人材が戻ってくる可能性も高まります。

気にするべきは、離職率の内訳

いきなりちゃぶ台をひっくり返すようですが、私は同時に、「離職率をそこまで気にするべきではない」とも考えています。

前項までにお伝えした内容はぜひ意識して、防げる離職はできるだけ防いでいただきたいとは思います。ただ、真に気にするべきは、離職の内訳です。退職者が不幸になるような離職を限界までなくせれば十分です。

たとえば、働くことで社員がどんどん成長できる環境が整い、独立する社員が増えたとしましょう。ネガティブな離職が減り、ポジティブな離職が増えて、結果的に離職率自体はほぼ横ばいでも、その場合は問題ありません。

そもそも、大前提として「人が辞めない会社」＝「いい会社」ではありません。全社員がポジティブな理由で働き続けてくれるなら、これほど嬉しいことはありません。

しかし、「やる気はないけど、給料だけはもらい続けたい」といった考えの社員なら、離職を無理に防ごうとすると、意欲的な社員のモチベーションが下がってしまいます。

そんなときは、無理に折衝しようとするよりも、意欲的な社員の側に立つべきです。

このような、どちらかを選ばなければいけない局面は、みなさんの会社にも訪れるかもしれません。本書でお伝えしている、組織を成長させるために優秀な人材を新卒採用する戦略も、既存社員が変化を望まない可能性があります。

そうなった場合は、経営者が会社を変えるために選んだ人材に残ってもらうことを優先するべきです。

優秀な新卒社員だけが恩恵を受けるのではなく、活躍した社員には、その分だけ報酬が得られる体系にするなど、既存社員への目配りは必要ですが、打つべき手を打ったうえで、ついていけないという社員がいたら、退職することになっても仕方がないと考える厳しさも、経営者には必要です。

2章で述べたように、たとえ優秀な人材であっても、彼・彼女らのために組織の形を曲げることは難しいです。言葉は悪いのですが、組織に悪影響を与える言動をする社員や、組織にぶら下がるだけの社員なら、なおさらでしょう。そういった意味においても、場合によっては離職率を気にしすぎないほうがよいこともあります。

もう一つの理由としては、人材の流動化が進んでいることがあげられます。レガシードを退職して、復職した社員がいるのも、その象徴的な事例でしょう。そのような時代において、終身雇用的な発想はもはや時代遅れです。

単なる人件費圧縮のために、正社員を契約社員や派遣社員にさせようとする施策は言語道断ですが、これから、会社を退職すること、転職することの重みは、どんどん軽くなっていくと予想されます。

結果として終身雇用が成立するのは素晴らしいことですが、ポジティブな理由なら、退職者が出てもあまり気にしないことです。

もちろん、理想は独立志向の強い、優秀な人材に長く働いてもらうことです。しかし、私たちに彼・彼女らの夢を阻む権利はありません。喧嘩別れをせず、協業や復職によって、また道が交わる可能性を高めることを意識してください。

そして、会社を成長させるために必要な痛みなら、ネガティブな退職を覚悟しなければいけない場面もあるでしょう。

流動化を前提としたとき、毎年いい人材が確保できる仕組みが必要不可欠なのです。

人が辞めたら機能しない組織は、組織ではない

そうは言っても、優秀な人材に辞めてもらっては困る、と感じる方も多いと思います。

その点については、禅問答のような話になってしまいますが、まずもって、優秀な人材が辞めても、それほど困らない組織をつくることが、経営者の仕事と考えてください。

そもそも、どれだけ優秀な人材でも、一人辞めるだけで機能しなくなる組織は、組織とは言えません。

もちろん大エースのような社員は、ぜひいて欲しいところです。とはいえ、その人が辞めたら会社がもたない、という状況であるとすれば、それはむしろ「リスク」です。

そんな不安定な組織では、他の優秀な人材も不安を覚えてしまうので、離職率も上がってしまいかねません。そのような状況を回避する組織のデザインが必要です。

では、優秀な人材が辞めてしまっても、屋台骨が揺るがない組織をつくりあげるには、どのようにすればいいのでしょうか。

そのために意識していただきたいのは、①「会社を最高の教育の場にする」ことと、②「離職者が出たらチャンスだと思う気風をつくる」ことです。それぞれ、項目を分けて解説していきます。

常に一人前の人材が輩出される、最高の教育の場にする

前項の①「会社を最高の教育の場にする」から見ていきましょう。

終身雇用的な考えは時代遅れになりつつあります。安定よりも成長にフォーカスし、負荷は大きくとも、働く社員が成長できる環境づくりを意識してください。

これは、離職率の低下にも直結します。新卒社員が会社に求めるものを尋ねたマイナビのアンケート調査によると、1位は自己の成長で、2位が福利厚生となっています。社員も成長できる環境を求めているのです。

ですから、全社員を、自分の腕でご飯が食べられる、市場価値の高い人材にすることを目標にしてください。この目標を実現できる環境になれば、大エースが退職しても、後を継ぐ存在が控えている体制を実現できます。

また、そんな会社になることで、ネガティブな理由で退職してしまった人のキャリ

アをも助けられます。求められるレベルが非常に高いネットフリックス社は、退職者は多いものの、すぐに再就職先が見つかることで有名です。「会社の成長についていけなくなる」という理由での退職は、環境の整備では防げません。しかし、「あの会社なら、そうなってもしょうがない」と思われる会社になれれば、退職者の転職活動に箔をつけることができるのです。

上が辞めることで、下にチャンスが生まれる

続いては、②「離職者が出たらチャンスだと思う気風をつくる」について説明します。

私は会社員時代、上の優秀な先輩が退職したら、チャンスだと考えてきました。立場が経営者になると、ピンチだと思う気持ちも理解できますが、少なくとも社員には、「ピンチはチャンス」と考えて欲しいものです。その考え方が当たり前になれば、自己鍛錬の習慣を身につけるモチベーションも上がります。

また、精神面での問題だけではなく、環境づくりも大切です。社内の流動性を高め、出世や退職などの理由で上の社員のポジションが空いたら、すぐに下の社員が引き上げられる体制が必須です。さらに、そうやって人事異動が起きた際に、実際の仕事面でも問題なく機能するように、レベルの高い教育が日頃からなされていることも大切です。

読売ジャイアンツの若手・岡本和真選手は2018年シーズンに大活躍しましたが、ブレイクの背景には、前年の実力者・村田修一氏の退団がありました。村田氏は退団を望んでおらず、ネガティブな退職にあたる事例ですが、このような新陳代謝が日常的に起こっていれば、たとえ退職者が出たとしても、残った社員は「チャンスだ」とポジティブにとらえてくれるはずです。

辞めたらもったいない会社をつくる

人間関係がいい会社をつくる

離職者が退職を後悔するほどの会社にする、と前述しましたが、この企業努力は、離職率そのものを下げる施策でもあります。

ここでは、自社で働く社員に、「辞めたらもったいない」と思ってもらえる環境づくりについて説明していきます。

何よりも大切なのは、人間関係です。

新卒社員に限った話ではありませんが、ｅｎジャパンの調査によると、退社理由の本音の1番目が人間関係です。

人間関係の難しさは、自力だけで解決できない点です。

ストレスには、「自分の問題」と「他人との問題」の2種類しかありません。

前者は、自分が望む、あるいは会社に期待されている成果が出せない問題です。簡単な話ではありませんが、自分の能力を伸ばす努力をしたり、同僚と助け合うことで解決は可能です。会社としても、社員が成長できる環境づくりで支援できます。

一方、後者は解決が難しいです。自分が変わっても、相手が変わってくれるとは限りません。また、相手を変えようと試みて失敗することもあります。しかし、解決しないままでいると、「この人と働きたくないなあ」といった思いから、辞めたくなったり、そうでなくとも仕事の生産性が下がってしまったりします。

シンプルに言えば、「試合」に集中できなくなるのです。

これは非常に大きな損失になるので、レガシードは責任に対するストレスはあっても、人間関係のストレスはない環境づくりを強く意識しています。

先ほど、完全に離職をゼロにすることは難しいこと、ネガティブな理由による退職者が出る可能性を覚悟しなければいけないことをお伝えしたのも、そのためです。

正直なところ、このようなことは言わずに済むほうが私としても楽なのですが、たった一人を守るために、他人との問題を放置すると、組織全体にダメージが及んでしまいます。そうなっては本末転倒です。

中途採用の難しさも、その部分です。能力が高くても、組織になじまない人材を採用してしまうと、既存社員のパフォーマンスが落ちてしまいかねません。

人間関係がいい会社をつくるには、自社のフィロソフィーを存分にアピールし、類は友を呼ぶ採用を実現することです。

レガシードは、助け合うことが当たり前の組織にしたいので、その点を様々な局面でアピールしています。言葉は悪くなりますが、一匹狼タイプの学生が見て、「調和を大切にし、面倒くさそうだな」と思ってもらえれば、しめたものです。

自社のターゲット像から外れる人材が、自社から遠ざかってくれれば、選考段階での工数を減らすことができます。学生側としても、入ってもなじめない会社に、間違って入らずに済むのでウィンウィンです。

そうやって、「この会社なら楽しく働けそうだ」と思ってくれた学生から選考を行い、さらに、インターン生として自社である程度の期間働いてもらえば（欠けているところを隠そうとせずに）、人間関係で無駄なストレスを感じずに済む人材だけを採用できます。

社員が喜ぶ制度・イベントのある、報酬・待遇のいい会社をつくる

自身が成長できる仕事ができる、人間関係のいい環境があれば、従業員の満足度は高くなります。しかし、そこが横並びになると、やはり報酬や待遇の違いがモノを言うことになり、より条件のいいライバル企業があれば、そちらに注目が集まってしまうでしょう。

だからこそ、一律初任給の撤廃や、成果が報酬に直結する報酬体系の確立など、報酬・待遇にも気を配る必要があります。

とはいえ、経営者としては、「成果が出たらどんどん昇給させてあげたい」という気持ちはあっても、先立つものに不安がある場合も少なくないでしょう。従業員満足を重視しすぎて、経営が傾いた企業もあるので、経営センスが問われるところです。

そこで意識していただきたいのが、福利厚生等の制度、イベントなどによって、お金をそれほどかけなくても、従業員に喜んでもらえる機会を増やす工夫をすることです。

レガシードの例をあげると、私たちは新入社員のご家族を招待する「就職披露宴」というイベントの開催や、素晴らしい仲間を育ててくださった御礼としての「家族感謝金」をお渡しする等の施策を行っています。ご家族みんなで食事をしていただくための補助ですが、たとえば進学で親元から離れたお子さんが、社会人になるタイミングで、家族全員の食事をする機会をもつことができたなら、かけがえのない時間になるのではないかと思います。

このような施策は、採用活動でも積極的にアピールしています。そうすることで、親や家族を大切にしている若者がレガシードには集まっていると思います。そのような人材が集まることで、家族が喜んでくれそうな施策が、本人の喜びに直結する好循環が起きます。

ポイントは、「なぜそれをやるのか?」という理由を明確にすることです。いま紹介した施策も、私が家族を大切にしたいと考え、また、社員にもそうして欲しいと思うからです。その点を明確にできないと、単にお金をケチっているだけの、中身がない施策になってしまう可能性が高いです。

報酬を考えるうえでは、前章でも触れた、価値換算の考え方を強く意識してください。従業員が納得し、喜んでくれることは重要ですが、意味もなく高い報酬を払うのも問題です。仕事の成果と報酬が、納得できる形で結びつくシステムにしなければなりません。

たとえばレガシードの場合、社員は一人あたり年間1700万円の売上が1つの基準になっています。定性的な判断もありますが、年間2000万円以上売り上げれば、全社員のボーナスを増やすことができます。

当社は製造原価などがかからないのでシンプルにできますが、このような計算を経営者は業務に照らし合わせてする必要があります。この点を曖昧にしたまま、高い報酬を設定して困っている企業は少なくありません。中小企業の経営者とお話をしていると、残業代に困っている方が非常に多いのです。

私の基本方針は、基本給は安易に上げず、利益はボーナス（賞与）などに反映するというものです。また役割に応じた手当を支給するようにしています。

残業が少なく成果を上げる人に最もボーナスを出し、残業が多く成果が出なければボーナスは出しません。

また、いわゆる「無駄な残業」を減らす努力も必要です。称賛されるべきは、与えられた仕事を残業なしでこなす人であって、本来であれば、時間をかけること、がんばることで評価されるには、結果を伴っていなければなりません。強い言い方になってしまいますが、残業する人は「仕事をがんばっている人」ではなく、「仕事ができない人」と認識される文化をつくることが大切です。

期待役割で「あなたが必要」というメッセージを伝える

前章にて、期待役割を明確にすることが、即戦力人材の育成を実現するためのポイントだとお伝えしました。これは、百利あって一害なしと言える施策で、離職率を下げる効果も期待できます。

レガシードの期待役割の定義を再掲します。「等級（階層＝グレード）と職種によって定義される『何を役割として期待しているのか』という『会社が示す』役割の定義」というものですが、シンプルに言うと、「会社が社員にやって欲しいと思うこと」です。

大切なのは、見る視点を少しだけ動かすことです。期待役割を一方的に押しつけず、社員も納得できるものにできると、期待役割を通じて「会社はあなたを必要としています」というメッセージを発信できます。レガシードでは、半年、1年という単位で、どんな成果をつくって欲しいかを明文化しています。

社会人として、やらなければいけないことがあるのは当然ですが、それは「誰かに必要とされているから」発生するものです。会社が自分に期待することが明確になれば、社員も「これができれば評価される」と理解できるので、仕事をするうえでの不安も減ります。

mustだ（しなければならない）からやるのではなく、needsがある（必要とされている）からやる。誰かに必要とされている、という感覚はやりがいに繋がり、働きやすい会社をつくります。

成長が実感できる会社をつくる

期待役割を明確にすると、人事評価の基準になります。

内定者や社員も、その達成度合いが適切に評価されていれば、自分の現在地がわかります。そして、最初はクリアできなかった目標を達成することができれば、成長を実感できます。

ゴールが見えないまま、努力を続けるのは難しいものです。

従業員が自らの成長を可視化できるシステムがあると、目標に向けての集中力も高まりますし、やりがいも生まれます。

つまり、評価制度とは、文字通り社員を評価するための制度ではあるのですが、同時に「人材育成の仕組み」という側面があるのです。私は後者をより重要視しています。

この、人材育成としての評価制度を確立するには、「会社からの期待役割をもとに目標を本人に設定させる」「長期的なキャリアパスが描ける会社にする」という2つのポイントを意識してください。

前章でも触れたように、レガシードは内定者や社員と話し合い、年間目標を設定しています。当事者として、自らが設定した目標に向け、ＰＤＣＡサイクルを回し、試行錯誤しながら仕事に取り組むことで、成長のスピードが上がり、本人のやりがいも大きくなります。

そして、いくらやりがいのある目標でも、クリアしたら終わり、となってしまうようではやる気が続きません。長期目標が可視化されると、社員は自分のキャリアパスが描きやすくなります。

また、新規事業も含め、様々な長期目標を見える化すれば、独立志向のある社員でも、「ここまではやっておきたい」とやる気に火がつく効果も期待できます。

そして、何よりも大切なのは、社員に成長して欲しいという思いを、経営者が日頃から伝えることです。

経営者たるもの、自社を大きくしたいと願っているはずです。そして、会社の成長とは、つまるところ、社員の成長です。社員の成長なくして、売上や利益は増えません。成長を求める優秀な人材が、「この会社で働き続けることが、自分にとってベストの選択だ」と考えてもらえれば、離職を防止できます。

そのために、経営者自らが、社員の成長をポリシーとし、そのために必要な環境を用意したいと思っていることを、折に触れて発信してください。

所属していることが誇りに思える会社をつくる

社員から見て、自社で働くことが誇らしく思える会社にできれば、離職率は自ずと下げることができます。

即戦力化が期待できる優秀な人材は、自らの成長に対する意欲と同じくらい、「社会に役立つ仕事がしたい」という高い志をもっています。

近年は、CSR（企業の社会的責任）を重視する企業が増えています。近視眼的な売上などの数値目標だけではなく、いち企業として、自社の業務で社会に貢献し、世界を変えようと志向する長期的なビジョンを提示できると、彼・彼女らはやりがいを感じ、意欲的に仕事をしてくれます。

2章で触れたように、大手企業に規模や知名度で劣る中小企業が優秀な人材を採用するには、見聞きした人がワクワクするような、未来のビジョンが必要不可欠です。

ぜひ、自社の未来予想図を描くときは、「順調に会社が成長したら、社会にこんな貢献をしたい」といった点も含めて考えてみてください。

そして、長期的なビジョンは、採用活動においても、日常的な社内においても、積極的に打ち出し、語ることが大切です。離職を防ぐ最も重要な入り口は採用活動です。みなさんのビジョンに共鳴してくれた人材であれば、そのビジョンに反する活動をしない限り、離職する可能性は低いです。

加えて、もう1つ意識していただきたい点があります。

それが、自社の社会的評価です。簡単な例をあげるなら、「東大の卒業生」と聞くと、それだけで優秀に感じられる〝箔〟のことです。

経営者の夢やビジョンのような、精神的な要素が多かった先ほどに比べると、一気に即物的《そくぶってき》な話になってしまうのですが、これも非常に重要なポイントです。たとえば、企業側は内定を出して、学生側も入社を希望していたのに、両親の反対で入社できなかった……といった事例もあり、採用にも直結する部分なのです。

もちろん、一朝一夕にできることではありませんが、業界内での地位を上げること、会社の知名度やブランドを上げることは経営者の義務でもあります。長期目標としては意識しておきたいところです。

レガシードは、現在株式上場を目指しているのですが、その目的の1つに社会的評価の向上があります。

また、ポジティブかつインパクトのあるニュースで、メディアに登場する効果も大きいです。楽天みん就の、インターンシップに参加したい会社のアンケートにランクインしたときの反響は大きかったです。学生の募集者数も知名度に繋がるので、そのような観点からも、新卒採用に力を入れることは重要だと思います。

経営者の仕事はPDCAの「C」

目標やプランはあっても、チェックが抜けやすい

中小企業の場合、経営者が現場に出て、自らPDCAのDo（実行）に携わることもあります。経営者は、プレイヤーとして超一流であったケースが多く、会社の規模的にも可能であることから、自ら困難なタスクに対処したくなるものです。

しかし、目先の効率はよいものの、私は2つの理由から、経営者は社員が立てた計画と実行の差をチェックする役割を担い、実行には極力携わるべきではないと考えています。

1つめの理由は、社長には社長の仕事があることです。経営者にしかできない仕事をおろそかにしてしまうと、会社を成長させることができません。経営者の仕事は、

未来を見据えた「決定」と現実の動きを「チェック」することです。

そして、2つめの理由が、本章のテーマにあたります。経営者が負荷の重い仕事を担ってしまうと、社員の成長の機会とモチベーションが失われてしまいます。


経営者に限らず、PDCA全般に言えることですが、長期事業構想は策定するものの、日々の実績や実行の度合いをチェックすることが抜けてしまうパターンは多いです。

しかし、離職率を下げる環境をつくるためには、経営者の丹念なチェックは必要不可欠です。なぜなら、内定者や社員に仕事を任せる目的は「成果を出させる」ことだからです。どれだけ困難で、やりがいのある仕事でも、成果が出ない時期があまりにも長く続くと、モチベーションが下がってしまいます。

ですから、チェックそのものを怠らないことに加えて、成果が出ていないことを注意するチェックではなく、問題点があればフォローやアドバイスをするなど、成功に導くための前向きなチェックを意識してください。

実際にチェックをして、計画がちゃんと実行できていないと感じたら、問題の所在点を明確にしてください。阻害するものを取り除いてあげるのが経営者の仕事です。たとえば、「時間がない」など、本人の状況に問題がある場合は、時間の使い方、チームの体制を見直します。

一方、「必要なツールが揃っていない」「お客様からのレスポンスがない」など、外部環境に問題があるなら、不足しているものは用意し、お客様にどうお尋ねすればいいのか、といった対応のやり方を教えます。

案件単位で見れば、それだけの手間をかけるなら、経営者が自らやってしまうほうが楽です。ただ、それを続けていては、安心して任せられる人材が、いつまで経っても育ちません。育成のためには、経営者のやっていた実行をどんどん委譲していく必要があります。

そして、いつか安心して、経営者にしかできない仕事に存分に専念できるように、しばらくは苦労が多くなっても、丹念なチェックを心がけてください。

チェック方法については、私は週に1回の会議でするようにしています。

リーダー会議を毎週行い、さらに毎月の全社会議と役員会議でもチェックすることで、私自身が「社員のチェック」というサイクルをどんどん回しています。

やり方には様々な方法があると思いますが、基本的に会社で一番忙しいのは経営者なので、チェックにあてる時間をあらかじめ決めておかないと、タイムマネジメントが難しくなるので、決めた日時にされることをお勧めします。

私見ではありますが、会議でチェックをする場合は、金曜日にするのがお勧めです。月曜日に全体会議をする企業は多いと思うのですが、どうも土日に休んで、週の頭に先週の振り返りをしても、ピリッとしない印象です。週の最後にやることで、自己鍛錬の習慣がある人は、走り出すイメージや、準備をしてくれるので、週明けから全力で動けるように思います。

フィードバックはスピード命。しかしリーダーを経由する

経営者自らがチェックして、仕事の問題点や、反対にいい点が見られたら、すぐにその感想を伝えるようにしてください。即座のフィードバックは必須です。いい点も、悪い点も、すぐに言わなければ、正しく伝わりません。たとえ褒められても、その仕事からしばらく経っていると、せっかくの喜びも減ってしまいます。

そして、悪い点については、特にスピードが命です。

何か問題があったときに、言いにくいと思って、流してしまうリーダーは少なくありません。「がんばってるけど、作り込みがイマイチだな……」などと感じたら、それを放置せずに、厳しい意見をすぐに伝えてください。

言わない限り、本人は「これでいいんだ」と思ってしまいます。すぐに指摘しないと、Ａｃｔｉｏｎ（改善）の基準が設定できません。それでは、次のＰＤＣＡサイクルでも修正されずに、同じ問題が残ってしまいます。

近年は、若く優しい経営者の方も多いので、どうしても言いにくいと思うなら、前章の日報の項目で述べたように、思うことを素直に言い合える文化を醸成できるように、日頃から環境づくりを意識しなければなりません。

チェックで何よりも重要なのは、成果を出させることです。厳しいことを言いたくない、と思って必要な注意をしないでいると、中途半端な優しさが仇となり、成果をあげられないケースが増えてしまいます。その結果、離職が増えてしまっては本末転倒です。

もう1つ、フィードバックをするうえでのポイントは、相手が若手社員の場合、経営者が直接伝えずに、必ずチームリーダーに改善点を伝え、本人にはリーダーから伝えてもらうことです。

経営者がリーダーを飛び越えて指示をすると、指揮系統が分散され、現場のメンバーがリーダーへの敬意を失ってしまいかねません。

また、チェックの結果の伝達は、ときには厳しいことを言う必要もある、負荷の高い仕事でもあります。これを経営者がやってしまうと、リーダーの成長機会も奪われます。

ちなみに、具体的な指摘ではなく、温かいねぎらいの言葉など、感覚的だったり、情熱的だったりする褒め言葉は、経営者が直接伝えてください。「よく見てくれているな」と励みに感じてくれるでしょう。

任せて任せず、最後の責任は自分にあり

仕事を部下に任せるときに意識したいのは、松下幸之助氏の「任せて任せず」の精神です。

「仕事を任せる」と言っても、先ほどからお伝えしているのは、「放任」ではなく「委譲」です。

任せるが、責任は自分にあるという認識をベースにすれば、チェックをしっかりするのも当たり前のことだと言えます。任せた人が失敗してしまっても、それは、成功できるチェックを入れられなかった経営者の失敗です。

そして、この責任を理解したうえで、勇気をもってどんどん任せることが大切です。それが内定者や社員の成長を呼び、モチベーションを高めてくれます。

よく「(この仕事を任せるのは)まだ早い」と言う人がいますが、それを理由に任せないでいると、ずっとできないままです。無理やりにでも任せ、チェックを怠らずに成功に導いてください。そして、次は別の「まだ早い」と言われそうな仕事を任せる。そうやって範囲を広げていくのです。

これは経営者だけでなく、部下をもつ社員にももって欲しい覚悟です。

経営者が若手に負荷の高い仕事を任せようとして、リーダーが反対することも珍しくありません。

反対の理由が、単なる「まだ早い」ではなく、「同じように自分が任されたときに、大変な思いをしたから」という優しさから来るものであることも多いので、一概にその姿勢を批判したいわけではありません。

しかし、そうやって負荷の高い仕事を任されたことで、その人もリーダーになっているることを忘れてはいけません。若手が「成長の機会を奪われている」と感じてしまっては、離職に繋がりかねません。そうならないように、積極的に任せられるリーダーを育成してください。

理想は、部下が失敗しても、「責任は自分にある」とリーダーが思ってくれることですが、その最終的な責任は、経営者に帰結することを忘れてはなりません。

次の代へ継承し続けるもの

会社の歴史や言葉の意味をコンコンと伝える

企業を長く永続させるためには、経営理念などの、創業者や経営者の精神的な核となる部分を、継承し続けることが重要です。

全ての社員には、入社を決意するに至った理由があります。その理由に、会社のビジョンや、経営者の考えに対する共感が含まれていた場合、その継承が適切になされていないと、モチベーションの低下に直結します。

そのために最も重要なのは、当たり前かつ地味な手段ですが、日頃からコンコンと語り、伝え続けることです。

そもそも、なぜ経営理念が必要なのでしょうか。

1つには、どんな宗教にも法典があり、どんなスポーツにもルールがあるように、企業にも共通の価値観や守るべきルールがなければいけないからです。

そして、もう1つは、どんな思いで自社がつくられたのか、という存在意義、存在価値を言葉で明確にすることで、社員が所属する会社を表現できるようにするためです。

経営者のみなさんは、会社の経営理念をどうして、どんな思いでつくったのか、と尋ねられることが多いと思います。これは、社員のみなさんにも言えることで、どんな会社で働いているのか、どんな思いで働いているのか、という問いに対する答えの柱が、経営理念になります。

このような質問に、自分の思いを言葉にして答えると、自身にとっても再確認のよい機会となるので、私は日頃から、経営理念やビジョンがどのようにつくられたのか、言葉の定義を決めた理由など、概念的な部分について日頃から話し、伝える機会をもつことを意識しています。聞いている社員に「しつこい」と思われるほどに語り続けないと、正しく継承できないと感じます。

また、前述したレガシードの「コンパス」には、当社のルール以外にも、経営理念やビジョン、フィロソフィー、長期事業構想や経営方針、全社員の共通認識としたい事柄なども記載されています。朝礼や会議の際には全社員がこれを持参し、大切な項目を読み上げるようにしています。

大切なのは、「言語化し、ツールとして見える化する」ことです。

いきなりコンパスのような手帳を作成するのは大変かもしれませんが、簡潔な言葉にまとまっているルールなどは、社内の目立つところに掲示しておくのもよいでしょう。毎日、目にしていると、嫌でも覚えていくものです。

実現できる技術や機材があれば、映像にまとめるのもお勧めです。レガシードは業務として、学生に見せる目的で、経営者の思いや会社の歩みを動画にするサービスを行っています。このような動画を実際に上映すると、エントリーした学生よりも、社員の方のほうが感動することも珍しくありません。

ベンチャースピリッツを途絶えさせない

長い歴史をもつ企業や2代目、3代目社長の会社によくあるのが、創業当時のベンチャースピリッツを失ってしまうことです。創業当時の姿勢に魅力を感じていた社員にとっては、離職の理由になります。

私が創業し、また数年の歴史のないレガシードにとっては、まさに今後気をつける必要のある問題です。有り難いことに業績が順調であるため、たとえば出張時、創業当時は一番安いホテルに泊まっていたのですが、現在は決められた金額の範囲内なら好きに選べる形にようにしています。

当然ながら、睡眠の質は重要ですし、単に出費を惜しめばいいとは思いません。ただ、あるEC事業を展開する上場企業の採用チームは、地方出張の際に夜行バスで移動しています。それは、「新幹線を使うお金があるなら、学生との出会いをより増やすことに投資するべき」という考えからだそうです。このお話を伺って、少なくとも、お金を使う優先順位は常に意識しなければ、と思いました。

お金の使い方で悩めるのも、順調な業績あってのことですが、その業績を生んだ原資は、創業当時にあった熱量かもしれません。経営者は、離職対策を抜きにしても、「本当に大切なものを失っていないか？」という自分への問いかけを、定期的にする必要があると感じます。

リーダーに勉強会などの講師を任せる

先ほども少し触れたように、思いを言葉にすると、自分の考えの整理や、再確認になります。

私が取材などを受けるとき、記者の方や編集者の方と話していると、自分の考えを述べているはずなのに、常に発見があります。インプットだけではなく、アウトプットをすることで、自分の考えがより明確に、深くなっていく感覚があります。

そのため、社員にもアウトプットの機会が必要だと考えています。

その手段の1つとして、レガシードでは、社内で行う勉強会の講師をリーダーに任せています。資料づくりなど、そのための作業や勉強は大変だと思いますが、アウトプットをすることで得られる気づきは多く、終わるとみな、学びになったと満足してくれます。聞いている後輩のインプットの機会にもなるのでお勧めです。

気をつけたいのは、スキルなどを学ぶ会の場合は、考え方や背景なども説明することです。そうすることで、経営理念やビジョンなどに通底する、経営者や会社の思いを学ぶことにも繋がります。また、レガシードでは、より直接的に精神的なものを学び、継承していくことを目的とし、定期的に行う合宿「レガッシュク」では「フィロソフィー勉強会」も開催しています。

象徴するエピソードを残していく

聞き手の心に強く残る話をするには、象徴的なエピソードが必要不可欠です。意識的に、使えるエピソードを集め、残していきましょう。その集積が企業文化にもなります。

前項で触れたフィロソフィー勉強会では、レガシードの「10のフィロソフィー」が、どのようにして生まれたのか、といった背景や考え方について話しています。しかし、単に「私たちはオールウィンを目標に、助け合うことを大切にしています」などと伝えるだけでは聞き手の心に残りません。フィロソフィーの１「１００％当事者」について説明するなら、「これが当事者意識１００％！」と言えるエピソードと一緒に語ってこそ、効果的なアウトプットとなります。

具体例を出すと、私たちのフィロソフィーの８「正々堂々」は、創業当時にはなく、採用支援をしていた某社との間に起きた不祥事をきっかけに生まれたものです。ある元社員が、学生に間違ったメールを送信し、そのミスを報告せずにいました。最終的には隠蔽が発覚し、某社に失望を与え、当然のことながら契約を切られてしまったのです。

これを機に、「素直で、正直で、誠実で、着実な行動で信頼を積み重ねよう」という「正々堂々」のフィロソフィーを新たに加えることにしたのです。

この例のように、象徴的なエピソードは、いい話である必要はありません。失敗からも深い教訓は得られます。いい事例も、悪い事例も糧とする意識でいれば、必ずいいエピソードが見つかるはずです。

私がお勧めしたいのは、エピソードが集まりやすい施策を行うことです。

レガシードは、毎年1回「レガシード・アワード」を開催し、1年間で最も弊社のフィロソフィーを体現した社員や内定者を、投票で選び、表彰しています。

売上などを競うものではないので、投票者は「こういうことをしていたから」と、この人が一番だと思う投票理由を記入する項目があります。ここに記載される内容は強度が高いものが多いので、語り伝えるに足るエピソードを収集できます。

社内表彰を行っている企業は少なくありませんが、受賞対象者は、売上が多かった人や、新規事業をつくった人など、わかりやすい評価理由であることがほとんどです。そうではなく、あえて「わかりにくい」評価理由を設定すると、その理由を説明するエピソードが必要になります。そんな賞をつくることで、事例を集めてみるのもいいと思います。

違うものには、はっきりと違うと言う

経営理念やビジョンは、魅力的なものであればあるほど、「それを守っているのか」と批評する視点も生まれます。

そのため、積極的に語り伝えることは重要ですが、同じくらい、行動で示すことも

重要です。

何度も述べているように、どれだけ優秀な人材が相手であっても、組織を曲げることはできません。そのほうが一般受けすると考え、あまり強い言い切りなどをせず、何事もグレーにしがちな経営者は少なくありませんが、自分や会社のフィロソフィーに反する行動は、絶対にしてはなりません。

その結果、どんな不利益があろうとも、自らの心が「違う」と叫ぶ物事には、はっきりと「違う」と言わなければいけません。私も、「こんな会社とは絶対に取引しない」というラインを決めて、その線引きは絶対に守るようにしています。目先の数字を追いかけるよりも、理念や哲学を重視することのほうが大事なのです。

ここで言行不一致が起きてしまうと、当然ながらその考えを支持していた社員のモチベーションは大きく低下しますし、正しい継承など、夢のまた夢です。

また、相手に「違う」と言うには、明確な会社の方針が必要です。どちらかと言うと、曖昧にやってきたかも……という自覚がある経営者の方は、まず、自分の中で絶対に譲れない核となる部分を探し、それをベースに自社のフィロソフィーを確立することから始めてください。そもそも、強く言い切れるだけの核がなければ、中小企業が優秀な学生を魅了することは難しいです。

ここまで言っても、「本当に優秀な社員と衝突したら……」といった質問をいただくこともあります。しかし、絶対に組織を曲げてはいけません。

基本的に、人間は自己中心的な生き物です。そこで1つでも特例を認めてしまうと、全ての要求が強くなり、「それがOKなら、これもOKでしょう？」となってしまいます。

運転免許の筆記試験で89点だった人は、実質合格レベルだと思いますが、特例で89点を認めたら、「じゃあ88点も」「こっちは87点だ」となって、最終的には70点くらいの人からも文句が出てくるでしょう。

自戒を込めて書きますが、歴史の浅い会社ですと、創業期は余裕がなく、正直に言えば特例ばかりになりがちです。そんな混乱期を越えて、どうにか成長期に入ることができたなら、そのままズルズルと行かずに、引き締めを図ってください。優秀な社員ほど、あなたの言動を厳しい視線で観察しています。

第6章

即戦力人材を世の中に増やすアプローチ方法

ビジネスで通用する人材を育成するプログラム

大学に任せるのではなく、企業が実施する

ビジネスの現場で即戦力となれるのは、1章でも触れた「自動巻人材」です。〝守〟をおさえ、「創造性」と「革新性」を兼ね備えた自立型人材のことです。学生が就学中に自動巻人材になる大切さを少しでも早く知り、意識するだけで、社会に出てイキイキと働き、活躍する人が増えると思っています。

しかしながら、大学教育のプログラムは、社会人の育成を目的とはしていません。就職率を上げるための取り組みをする就職課も、「社会では何が求められるのか」「な

ぜ働くのか」「どんな未来を描くのか」といったことを学生に伝える大学は少ないでしょう。

とはいえ、いまは大学にそのような取り組みを求めるよりも、企業が率先して動く時期だと考えます。

近年の大学の現場にのしかかる負担の大きさは、職員の雇い止めなどのニュースを見るだけでも想像に難くありません。金銭的にも、ノーベル賞の受賞者などが出るたびに、超一流の研究者たちが交付金や予算の減少を問題視する発言をされているように思いますが、2018年9月に経済協力開発機構（OECD）が公表した、加盟各国の国内総生産に占める、教育機関への公的支出割合の最新ランキング（2015年）でも、日本は2・9%で2年連続の最下位となっています。

そのような状況で、大学に「もっと社会人としての能力を伸ばして欲しい！」と求めるのは、既に枯れそうな井戸の水量に文句をつけるようなものです。それよりも、企業が大学や学生に自らアプローチして、社会に出て活躍できる人材の育成に貢献するべきです。

企業側が教育プログラムの企画や運営のノウハウまで用意した状態であれば、歩み寄ってくれる大学はあるはずです。また、私たちの出張セミナー「デリレガ（311ページ参照）」のように、大学ではなく、学生から直接依頼を受けて、彼・彼女らにアプローチできることもあります。

企業として、どんな場があれば、大学や学生に喜んでもらえるのか、学生を戦力化できるのか、ということを考え、社会に貢献するのが、これからの経営者としての務めなのではないでしょうか。

教養を軽視せず、実学も重視する

前項をお読みになって、教養の軽視だと思われた方もいるかもしれません。

２０１５年に文部科学省が出した通知「国立大学法人等の組織及び業務全般の見直

しについて」が、「人文系を軽視している」などと大きなニュースに問題になったのも記憶に新しいところです。

しかし、私が主張したいのは、教養の軽視ではありません。

教養も、実学も、ともに重視するべきだと言いたいのです。

理系の最高峰と言える、マサチューセッツ工科大学は、基礎的な教養を広く学ぶリベラルアーツ教育に力を入れています。

これは、そのときの最先端の知識や技術を学んだところで、すぐに陳腐化していくことを知り、最前線に立つことになる人材は、将来の研究や仕事のために、根本となる考える力や学ぶ力を育むためのもので、非常に理に適ったものだと思います。

また、2016年に設立された、東京工業大学の「リベラルアーツ研究教育院」のビジョンは、

リベラルアーツ研究教育院は21世紀社会の時代的課題を把握し、その中での自らの

役割を認識する「社会性」、自らを深く探究する「人間性」、行動し、挑戦、実現する「創造性」を兼ね備え、より良き未来社会を築く「志」のある人材を育成します。

というもので、まさに私が求める人材像そのものです。1章で触れた、クリエイティブ人材のクリエイティビティの源泉は、まさに教養なのだと思います。

ただ、現在の大学教育は、その教養を花開かせるに足るものなのでしょうか？

はっきり言って、胸を張って「YES」と言える大学は、少ないように思います。

仮にそうであるなら、考えられる理由は2つです。

1つは、単純に、学生に深い教養を与えることができていない――つまり、リベラルアーツ教育の質が低い、というもの。そしてもう1つは、大学教育で身につけた深い教養を、学生が社会で発揮できていない、というものです。

前者に関しては、正直なところ、大学に頑張って欲しいとしか言えません。しかし、後者に関しては、企業にできることがあるはずです。

なぜなら、大卒者の3割が早期離職をしてしまうのが、現在の日本であるからです。入社して3年以内に退職してしまった人の多くは、守破離の〝守〟を身につける段階にあったことでしょう。彼・彼女らは、学生から社会人という急激な変化にうまく対応できなかっただけで、クリエイティブ人材として活躍できる教養を、大学で身につけていたのかもしれません。

しかし、その教養を遺憾なく発揮できるステージに進む前に、何らかの理由で退職してしまったわけです。当然、退職理由もポジティブなものばかりではなく……と言うよりも、圧倒的にネガティブなものが多いはずです。あまりにも、もったいない話です。

だからこそ、そのような学生が社会に出たときに、会社という新たな環境に戸惑うことなく、活躍できるような実学的な学びを、教養とセットで得て欲しいのです。

教養と実学を社会人の両輪と考え、現状は実学側が足りないと思うからこそ、このような主張をしているのです。

社会で求められる能力を高める「レガレッジ」

では、どのようなアプローチをすれば、社会人に求められるスキルや知識を学生に伝えられるのでしょうか。

その参考に、3章でも少し触れた、弊社の「レガレッジ」というプログラムを紹介します。

レガレッジは、現状の学校教育では教えてくれない、社会で求められる6つの力を高めるためのバリューアッププログラムです。

①自分のモチベーションを、意識的に高い状態でキープするための「モチベーションマネジメント」

②タイプや個性、能力の違う人同士が集い、チームで仕事をする中で、円滑にプロ

ジェクトを進行するための「コミュニケーション」
③自分の考えを、単に〝伝える〟のではなく、相手に理解してもらい、頭と心にしっかりと〝伝わる〟ようにするための「プレゼンテーション」
④ヒト・モノ・カネ・情報・時間を、効果的に、効率的に活用し、目的を達成するための「プロジェクトマネジメント」
⑤人間が唯一平等に与えられている、１日24時間という時間を、より生産的に、効果的に活用するための「タイムマネジメント」
⑥それぞれの価値観や判断基準を持つ、チームメンバーが全員納得できる意思決定をするための「コンセンサスビルディング」

まさに、私が現状の大学教育に不足していると感じる部分を、直接学生のみなさんにお伝えする内容になっています。レガレッジでは、この6つの力を実践的な体験学習によって、新しい発見と驚きを得ながら学ぶことができます。参加者を集め、会場を用意してもらえれば、全国どこの大学でも、このプログラムを無料で開催する「デリレガ」という取り組みも行っています。

また、私たちは、こちらも3章で触れた、成長企業の経営者・役員の対談を聴ける「TOP SCORE」のように、レガシード以外の様々な企業が参加するプログラムも実施しています。

そのようなイベントで学生が将来のモデルとなるような先輩たちと出会うことで、社会に出てどんな活躍ができるか、イメージが鮮明になります。

また、1社のみのイベントには協力できないものの、複数企業が関係するイベントの場合、会場を提供するなど、協力してくれる大学もあります。

加えて、知名度が低い企業の場合は、コラボレーション相手に集客を期待したい局面もあるでしょう。そのような観点からも、複数社とコラボレーションして学生や大学にアプローチすることをお勧めします。

このようなプログラムを考えるうえでも、学生のためになり、そのうえで自社がやる意味がある内容にすることが重要です。

これは、コラボレーション相手を選ぶ際にも言えることです。一緒にイベントをやってくれるなら、どんな会社でもいい、という考えではいけません。たとえば、参加した他社の社員が魅力に乏しい人物であったら、自社からエース級の人材が参加していても、セットで印象が悪くなってしまう可能性も考えられます。

私の場合は、会社の業務や採用活動において、大切にしたいフィロソフィーに共感し合える企業であることを重視しています。

秘密の就活スペースをつくる

就職活動中の学生が集う「Space Career（スペースキャリア）」

大学や学生に対するアプローチと、できるだけセットで行っていただきたいのが、自社に学生が集まる就活スペースをつくることです。

近年、「知るカフェ」や「賢者屋」など、大学の周辺や中、大都市の中心街などにある、学生が無料で利用できるカフェやフリースペースが注目を集めています。企業からのスポンサードを受けることで無料での運営を実現し、企業はそこに集う学生と出会うことができます。

そのようなスペースを、自社でつくるということです。

レガシードも、「Ｓｐａｃｅ Ｃａｒｅｅｒ（スペースキャリア）」という就活ラウンジを運営しています。

先述した各プログラムのようなアプローチを定期的に行い、同時にスペースキャリアのようなスペースをもつことで、イベントで興味をもった学生がスペースキャリアに来訪する、といった好循環が生まれています。また、私たちのイベントをスペースキャリアで開催することもあります。

スペースキャリアでは、「Ｗｉ‐Ｆｉ」「電源」「読書（ビジネス書などの弊社蔵書）」「卓球」「イベント開催」「診断受験」「キャリア面談」が無料で利用できます。

ただし、学生や弊社内定者の話を聞く限り、無理に特別なものを用意する必要はないと感じます。Ｗｉ‐Ｆｉと電源が無料で使えるだけで、ＰＣやタブレットで作業や勉強をしたい学生には重宝されるようです。特に地方の企業など、同様の施設や、電源等を利用できるカフェが少ないエリアの場合、そのようなスペースがあるというだけで喜ばれると思います（駅や大学からのアクセスはある程度いいほうがよいでしょう）。

ただし、その場合はマス・マーケティング的な、学生全般に喜んでもらう方向の施策になるので、その点には注意が必要です。尖った人材や、ピンポイントな採用ターゲットとのみ出会いたい場合は、会員制にする、意識の高い学生が集まる場になるようなイベント等を行うなど、何かしらの条件や制限を設ける必要があります。

後者の場合は、学生に自社なりのやり方で、プラスになるものを提供できる企画を考えてください。意識の高い学生が求めるものは、大きく分けて「自分を知る機会」「自分を高められる機会」「（同じ方向を見ている学生、魅力的な企業や社会人との）出会いの機会」の3つです。

たとえばスペースキャリアで実施しているキャリア面談は、人事コンサルタントを通じ、多くの学生や企業のリアルを知る私たちだからできる企画ですが、同じように御社ならではの、学生のためになる内容を考えてみてください。

≫ Space Career（スペースキャリア）

企業との出会いの場として活用する

自社の就活スペースをつくったら、イベントの会場として活用することが大切です。最低限のテーブルや椅子、電源とＷｉ-Ｆｉ環境などを整える必要はありますが、それさえ果たせれば、この点が最も重要と言っても過言ではありません。

なぜなら、そうすることで、学生と企業がリアルな出会いを果たせる場になるからです。

そのためには、自社のイベントだけではなく、むしろ、学生や他社が開催したいイベント、セミナーなどの会場として提供することが大切です。そうすることで、そのスペースを学生と企業のハブ空港のような場とすることができます。

たとえば、スペースキャリアでは「ＤＲＡＦＴ」という、企業と学生のマッチングイベントを行っています。

レガシードは、ここまでにお伝えした「レガレッジ」「20代でぶっちぎる20の法則」「TOP SCORE」「Morning Star」「SHIGEKI BAR」を含む、9つの学生向けの成長支援プログラムを「MEET」と名づけ、パッケージングしています。

DRAFTは、複数の企業が学生向けにプレゼンする、小さな合同説明会のようなイベントです。MEETに参画する企業は、私がこの章でお伝えするメッセージに賛同し、学生に刺激と学びを与えたいと考える会社ばかりなので、単なる会社説明にはなりません。

そのため、企業側は実践的な学びが得られる、弊社のイベントに興味をもって参加する学生にプレゼンテーションできます。また、学生側も意欲的な企業の興味深い話を聴けるので、一般的なマッチングイベントよりも、企業と学生双方が幸せになる可能性が高いイベントと自負しています。

ただし、DRAFTのようなイベントができるのは、レガシードが様々なイベントの実績から、大学や学生との繋がりがあり、なおかつ採用支援を業務としているので企業側からのアプローチもあるためです。

そうでない企業の場合は、積極的に学生や他社にアプローチして、就活スペースの存在を知り、使ってもらうことが重要です。

学生については、場所代が大きなネックになるので、イベントや勉強に使えるスペースがあると知ってもらえれば、興味をもってもらいやすいでしょう。

他社に対しては、コラボレーションする企画を自分たちで準備して、「企画も場所も弊社で用意しています」とアプローチすることをお勧めします。それまでに学生への周知が進み、「学生に出会える場所です」とアピールできるとなおよいでしょう。

≫ MEET リーフレット

●参加者の声

[TOP SCOPE]

経営者の想いや考えに触れる貴重な機会となった。今後のキャリアのヒントとなり、自分の志を大切にしていこうと思えた。残り少ない大学生活は無駄のない時間を過ごしたい。

[Morning Star]

朝から集まる学生は当事者意識が高く、そんなメンバーでディスカッションできたのはいい刺激になった。また、企業の人と近い距離間でコミュニケーションがとることができて実りのある時間だった。

[DRAFT]

普段聞けない企業の話はどこも魅力的で、年齢の近い社員と詳しい話を聞くことができたので理解を深められた。これからの就活に向けて、改めて自分自身のやりたいことを見直すきっかけにもなりました。

キャリア教育のプログラムを導入してもらう

理想は大学が自社のプログラムを授業に導入すること

実学的な教育は、大学に任せるのではなく、企業が実施する、と述べたばかりですが、理想は大学が自発的に、実学的なキャリア教育を実施することです。

私自身は、そう遠くない未来に、学生が社会に出る前に、彼・彼女らの職業観や勤労観を育むことが当たり前になると考えています。事例も少しずつですが、増えています。

そんな時代が訪れたなら、大学と企業が、プログラムの作成を共同で行うケースも多いはずです。現状では、いち企業が大学の内部に入り、プログラムの企画に関わることは滅多にありませんが、来るべき新時代に大学から選ばれる企業になるには、いまの段階から、自社の考えたキャリア教育のプログラムを将来的に導入させるつもりで、様々なイベント等を企画し、大学や学生に積極的にアプローチするべきです。大学のキャリア教育のパートナーに、御社がいち早く指名されれば、採用活動にも大きなメリットが期待できます。

ここでは、その参考として、現時点での私の考えや、レガシードが行っている取り組みについて触れさせていただきます。

ダブルスクール発想を文化にする

日本の大学に強く願うのが、ダブルスクール的な発想をもっていただくことです。

文部科学省の調査によると、インターンシップを単位認定している大学（学部・大学院）は、平成27年度の時点で全体の74・3％にのぼっています。割合としては十分に高く、私が大学でキャリア教育のプログラムが導入されていくだろう、と考える根拠の1つにもなっていますが、さらに柔軟な発想を広げて欲しいと思います。

教養を学ぶ自校と、実学を学ぶ企業と考えると、これもダブルスクール的ではあるのですが、学生が実学的な学びを得られる選択肢を、インターンシップ以外の手段でもっと増やすことはできるはずです。

それこそ、インターンシップで単位を取得できるなら、インターンシップと同じような学びを得られるプログラムを、大学内で実施してもよいのではないでしょうか。

個人的に期待したいのは、留学に実学的な要素を盛り込むことです。留学先で勉強して得た単位を、自校の単位とできる認定留学制度の、インターンシップ版です。

大手百貨店の採用担当者の方から、アメリカのテーマパーク内で運営しているショップの採用に苦労されていると伺ったことがあります。魅力的な職場だと思うのですが、採用期間が1年であることがネックになっているそうです。

私はその話を聞いて、「優秀な学生にアプローチするべきだ。1年という区切りもむしろプラスになる！」と感じました。実際に、海外やテーマパークに興味のある、大学を休学してでも働きたいと考える学生は、現時点でもたくさんいるはずです。ただ、それが大学公認のプログラムになり、単位も認められるようになれば、なおのことよいでしょう。

これが当たり前になれば、社会人としての能力を磨くだけではなく、グローバル時代にも対応できる即戦力人材が続々と輩出されるはずです。

また、認定留学にするのは難しくとも、大学や社会が、そのような理由で休学することをマイナスに受け取らず、当たり前のチャレンジだと思うようになって欲しいです。

1章で触れたように、海外の学生は大学を休学して、インターンシップに参加することが珍しくありません。当然ながら、その行動に対する評価もポジティブで、学生も履歴書に経歴として書き加えます。日本でもそのような見方が当たり前になれば、学生も4年間という枠に必要以上にとらわれることなく、在学中に選べる選択肢や、その可能性を自由闊達に探ることができるようになるでしょう。

大学にも「待ち型」ではなく「攻め型」で臨む

3章で、中小企業が新卒採用を成功させるうえで、「攻め型」のツールを活用することが大切だと述べました。これは、大学や学生へのアプローチについても言えることです。

普通に生活するだけでは知ることが難しい業種の採用は、学生に知られなければ始まりません。何事も知らない限りは、正しくイメージできないからです。

同様に、これだけ早期離職が多い社会において、学生と社会人の間に横たわる溝の存在には、ほとんどの学生が気づいているはずです。しかし、その溝を埋めるために必要なものを知らなければ、意味がありません。むしろ、働くことへの恐怖心だけがいたずらに膨らみ、就職する意欲が低くなっている学生もいるのではないでしょうか。

そのような不幸な事態をできるだけ回避し、即戦力人材として意気揚々と活躍する若者を増やすには、大学内やゼミ内でキャリアに関する授業を行うなど、学生に伝える機会を少しでも多くもつために、積極的に攻めのアプローチをすることです。社会人として、問題なく活躍できるだけの知識や振る舞いを、最初から備えている学生は多くありません。実際の態度まで上から目線ではいけませんが、気持ちとしては、学生が目指したいと思える働き方、生き方を、学生に啓蒙する意気込みで、「社会人として必要なものを、学生たちに伝えなければ！」と使命感を燃やす勢いで臨んでいただきたいほどです。

「職ラボ」で大学へのアプローチを開始

レガシードが現在、大学にキャリア教育プログラムとして、採用して欲しいと考えているのが、先ほど紹介したMEETのいちプログラムである「職ラボ」です。

職ラボは、学び続ける力を養う学習塾の運営、ワークショップなどの企画を手がける株式会社a.school（エイスクール）とタッグを組んで開発しています。エイスクールのノウハウを存分に活かした、ワークを通じて楽しみながら、その職種の魅力に触れられる内容になっています。

たとえば、テーマが営業職の場合、企業の営業担当者や採用担当者が参加することで、その仕事に求められるスキルを伝えたり、参加した学生の質問に答えたりすることができますが、企業の参加は必須ではなく、学生だけでも実施可能なプログラムになっています。

私たちは、これからアルバイトでも経験できる接客業のようなものから、職ラボがなければ、ほとんどの学生はリアルなイメージができないだろう、製造業や施工管理業のようなものまで、ＢｔｏＢ、ＢｔｏＣを問わず、ありとあらゆる職種のプログラムを開発していきたいと考えています。

逆に言えば、まだまだ開発は道半ばなのですが、過去にタイムリープして、たとえば「平安時代の貴族の別荘を売る」といった形で、ＢｔｏＣの営業を体験できるプログラム「イニシエリゾート」は、完全に授業で実施できる仕上がりと自負しています。

ここで、イニシエリゾートの内容を少し紹介します。

参加者は、ベンチャー企業で営業の仕事をしている人と、そのお客様に分かれます。舞台は近未来で、そのベンチャー企業は、様々な時代にある「時空を超えた別荘」をお客様に販売しています。別荘は縄文時代のシェア洞窟から、近現代の一戸建てまで、様々な物件があります。別荘はそれぞれ金額が異なり、契約期間によっても変動します。

また、リアリティのある営業体験をできるように、物件には様々な条件が設けられ、それぞれが検討の材料となっています。たとえば、別荘に行くためのタイムトラベルは、江戸時代なら1時間半ですが、縄文時代は90時間かかります。バス・トイレにも、物件ごとの特徴があります（縄文時代なら近くの川です・笑）。

営業は、進行イメージの画像のように、3名のお客様に営業活動を行います。いきなり物件を提案するのではなく、「事前準備」「関係構築」「ヒアリング」「提案」「クロージング」という5つのステップを踏んでいきます。

お客様を演じる人は、当然個々人の好みがありますし、事前に配られたカードによって貯蓄額（営業側は見られません）が決まるので、どんなに買いたい別荘でも、予算の問題で手が出ない可能性もあります。

提案の成功率を上げるには、お客様が原始時代、中世など、どの時代が好きなのか、予算はどれくらいなのか、「魅力的な別荘なら、貯蓄の大部分を使ってもいい」と考えるタイプか、といった情報をできる限り収集することが大切です。

ワークが一度終わったら、今度は営業とお客様の役割を入れ替えて、もう一度同じ流れでワークを実践します。一度お客様を経験した人のほうが営業をしやすくなるので、全参加者にとって同程度の難しさのチャレンジとなるように、2ターンめの営業には売上金額の目標が課されます。

実際に、レガシードの社員のみんなでロールプレイをしたときは、その中で最も営業力に定評のある社員が、お客様3名全員の注文を勝ち取ったそうです。

このイニシエリゾートや、完成間近のシステムエンジニア編のプログラムなどを、実践的なキャリア教育を実施したい大学に使ってもらいたいと考え、動いています。

≫イニシエリゾート概要

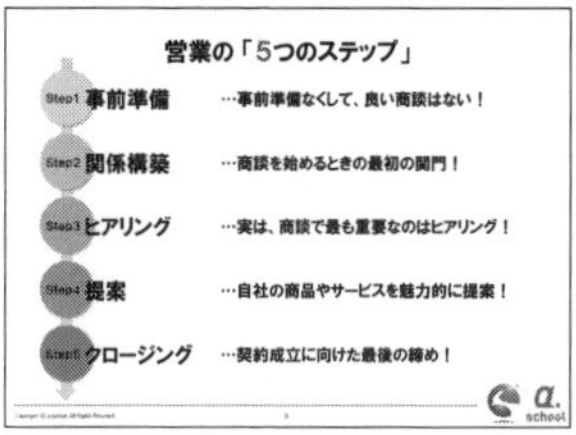

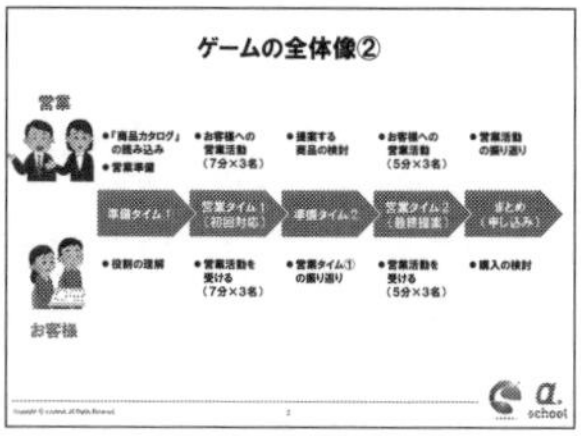

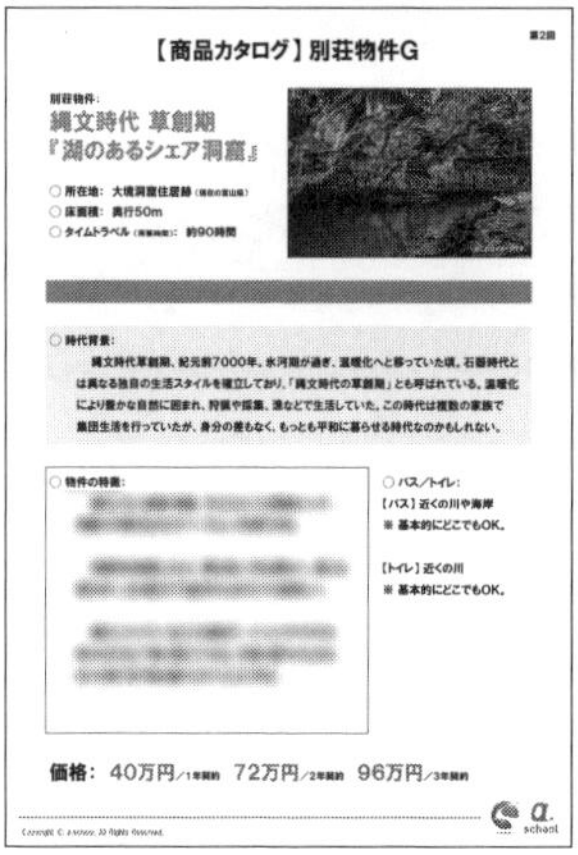

実践的な採用活動が世界を変えると啓蒙する

本書でお伝えしている、即戦力の新卒社員を実現する採用活動の啓蒙も、即戦力人材を増やすアプローチの1つです。なぜなら、繰り返しお伝えしているように、企業側の採用活動にも大きな問題があるからです。当然のことながら、大学だけに問題があるわけではありません。

私は仕事を通じて、本気で世界を変えたいと常に公言しています。

その手段こそ、日本中の採用活動を、より実践的なものにすることです。

はっきり言って、面接の対策本を読み、その効果で入社できたとしても、その企業で成果を出すことができず、早期離職してしまう人が出ても無理もないことです。

日本中の全ての企業が、採用活動の入り口を変えれば、そこまでの過程も変わらざるを得ません。たとえば、新卒採用で必ず2週間はインターンシップに入り、成果を出せないと内定が出ない実践的な採用活動が常識になったなら、大学のカリキュラムも、必然的に実践的なものになるはずです。

私は、その結果、幸せに働く若者が増え、そんな社会人が増えて日本中の企業もイキイキすることで、世界を変えたいと思っています。

学生と社会人の違い、社会人として活躍するために必要なものも、どんどん啓蒙していきたいです。企業だけではなく、古い常識にとらわれている学生さんも多いです。

何も知らなければ、教養と実学の両立は難しいと考えるのも当然です。レガシードで学業とインターンシップを立派にこなし、活躍する学生の事例を示すことで、絵空事ではないと示したいのです。

いままでの新卒採用とは違う、新しい潮流があること。

その潮流に乗ることで、自分の能力や、入社時の給料が大きく変わる可能性もあること。

日本人メジャーリーガーの活躍が当たり前になったように、このような事実をコンコンと伝えることで、学生の夢や能力のボトムを引き上げたいと、本気で思っています。
そして、読者のみなさんも、この啓蒙活動に参画して欲しいと、心から願っています。

また、これは時代の要請でもあると感じます。

私は去年、高校どころか、京都市立洛北中学校にお声掛けいただき、キャリア教育の授業をする機会をいただきました。さらに、1章で触れた高校生の件も執筆中に動きがありました。エントリーシートを提出してくれた磯部君は、その後、見事に選考を通過し、現在はレガシード史上初の高校生インターンとして、長期インターンシップで働いています。この流れに乗り遅れないためにも、学生に積極的にアプローチすることを強く意識してください。

第7章

即戦力人材が既存社員を成長させる

新卒即戦力人材が既存社員を変える

新卒社員が、既存社員を変える理由

組織を成長させ、変化を生み出すのは、「人」でしかありません。

だからこそ、優秀な人材を継続的に新卒採用するわけですが、そうすることで「既存社員も変わる」効果も得られます。4章で紹介した渋谷石油の事例でも、優秀な新卒社員は、既存社員に影響を与えています。

そうして、組織を構成するありとあらゆる人が、採用活動の結果変わり、成長するからこそ、みなさんの会社も成長できるのです。


まず、大前提として意識していただきたいのは、「人を成長させるのは、何であるのか」ということです。

はっきり言ってしまうと、研修やセミナーでは、人は思うように成長しません。魅力的なモチベーションアップ研修でも、効果は保ってせいぜい数か月。何もしなければ、いずれ元の状態に戻ってしまうものです。

研修やセミナーを多数手がけている私が、なぜそんなことを書くのかと言うと、人を変えるのは、「たゆまぬ行動」であるからです。

だからこそ私は、人を行動特性で見ますし、自己鍛錬の習慣をもっている「自動巻人材」を求めているのです。

レガシードの研修やセミナーを受けて、その後成長した方は、手前味噌ながらたくさんいます。ただ、それは研修やセミナーの直接的な効果だけではなく、その内容を踏まえて、受講者の行動、時間の使い方が変わったからなのです。

言い換えるなら、私は、研修やセミナーでは、そのように本人の意識に訴える効果を期待して、内容を考えています。

研修やセミナーで人を根本的に変えることはできませんが、そのきっかけになることは可能です。また、それこそが研修やセミナーの意義なのだと思います。

体験型のワークを多用するのも、そのためです。

自分がまず動く。この、はじめの一歩の経験が重要です。その後、自分を変えるために習慣化したい行動の、最初の実績をプログラムの中で経験できると、二度目の実行への障壁も低くなります。

親に「勉強しなさい」と言われると、途端にやる気がなくなりますが、何かのきっかけで実際に手をつけさえすれば、誰でもそれなりに集中できるものです。

この例に限らず、「思わせる」という立ち位置ではうまくいきません。

大切なのは、いかに本人がそう思えるか、です。

人が変わるのは、自分から「変わりたい」と、いままでの自分を変える理由や意義を見出し、「やろう」と思ったときだけです。

そして、即戦力の新卒社員こそが、研修やセミナーとは比較にならないほど強力な、既存社員が「変わりたい」と思うきっかけとなります。

既存社員が変わる4つの理由

なぜ、既存社員が本気で「変わりたい」と思う理由に、即戦力人材がなり得るのでしょうか。

シンプルに言うなら、「下から突き上げられるから」という話なのですが、大きく分けると4つの理由があります。

1つめは、新卒社員が下につくことで、教育の機会を得ることです。

人は教えることで、教える当人も成長します。5章で、自分の思いを言葉にすると、再確認の機会になると述べましたが、教えるという行為は、当事者自身にも最大の教育になるとすら思います。

たとえば、ある仕事に初めて取り組む後輩に教える際、仕事のやり方を形式化して、プロセスごとに教えていく必要があります。その作業自体が教える側の財産になりますし、言葉にして教えることでも様々な発見があります。また、後輩のうまくいかなかった事例に触れることで、その遂行を阻害する要素を明文化し、蓄積する機会にもなります。

2つめは、下のメンバーが成長することで、抜かれないように努力する必要性が認識されることです。

即戦力人材とはいえ、入社当初は既存社員の下につくことになりますが、新卒社員は先輩から守破離の〝守〟を学び、経験を積み、どんどん成長していきます。

その様子を目の当たりにする既存社員には、「後輩のモデルでありたい」「いくら優秀とはいえ、後輩に抜かれたくない」という思いが生まれます。

そして、当然ながら、思うだけでは叶いません。そもそも、自分の知らないことは、人に教えることもできません。先輩が先輩たらんとするには、優秀な後輩たちに負けないように、成長するための努力をする必要があります。

3つめは、基準が高くなることです。

優秀な人材が成長し、社内で新記録と言えるような成果を次々にあげるようになると、自ずと求められるハードルが上がります。

そして、ハードルが上がると、それはそのまま、組織の新しいスタンダードになります。そうなると、高くなったハードルに近づける人がどんどん出てきます。

おそらく、多くの人は、いまの自分が思っているよりも、高い頂にたどり着く能力を備えていきます。しかし、「美しい」という言葉を知っているから、「美しい」と感じられるように、「そこまで行ける」とイメージできないことで、その能力を発揮しきれないのです。

しかし、優秀な即戦力人材による成果であっても、身近な人がイメージしたことのない景色を生み出す様子を間近で見ると、そこまでの行き方がイメージできるようになり、自分にも達成可能な目標だと感じられます。

4つめは、即戦力人材を採用しようとすると、現場の既存社員も採用プロセスに深く関わることです。

全社一丸の採用活動を行うと、1章のタカジョウグループの事例にもあったように、既存社員のやる気が出ます。

特別なチームを組んで、会社の未来を考えたり、採用の現場で学生から質問を受けるなどして、自分が働く本質を思い出します。そして、そのようなフレッシュな心持ちで、やる気のある学生と触れ合っていると、「負けていられない」とモチベーションが高まります。

即戦力人材こそが、既存社員に火をつける

一見、先輩が後輩に突き上げられる、と言うと普通のことのように思われるかもしれません。

しかし、このような思いを醸成するのは、簡単なことではないのです。

たとえば、どんな先輩社員にも、「後輩に抜かれたくない」という思いはあるものですが、自分より仕事ができない後輩が入社しても、抜かれないように努力をする必要はないわけです。

さらに、1章でも触れたように、仕事のできない新人が入ると、既存社員のストレスの原因になってしまうので、「変わりたい」と思うどころか、パフォーマンスが下がる可能性すらあります。

つまり、既存社員を変えるには、彼・彼女らが焦りを覚えるほどの、優秀な新卒社員を採用しなければいけないのです。


このような話をすると、「あまりに優秀な人材が入ると、自分の居場所が奪われる」と感じる社員もいるのではないか、と心配される経営者も少なくありません。

正直なところ、そのような人がまったくいない、と言えば嘘になります。1つのポジションに一人しかつけない野球選手ほどシビアではありませんが、ポジション争いのような競争意識もあってしかるべきです。

ただし、それは健全な競争であることが大前提です。先輩が後輩を意図的に妨害したり、脅威に感じてチャンスの芽を摘むようなことがあってはなりません。後輩にチャンスを与えないということは、成長する機会を奪うということです。これは組織全体の成長を妨害することと同義であるため、会社への背信行為となります。

ですから、そんな事態が起きてしまったら、先輩社員の責任を問わなければならないでしょう。

とはいえ、単に「変わっていく会社についていけない人がいてもしょうがない」という話に着地するのも問題です。経営者は、優秀な新卒社員を採用することから始まる、会社の成長戦略と、それによって起こり得る変化を、既存社員にしっかりと伝えてください。また、既存社員が働きやすくするための努力も必要です。

前者については、このあと詳しくお伝えしますが、採用活動に既存社員を巻き込んでいくことが大切です。

その中で、経営者の考えや、会社の未来のビジョンも共有できます。採用活動に直接関わることで、既存社員が新入社員を好きになり、大切にしたいという思いを醸成することも期待できます。

後者は、主に制度面の話です。

たとえば、優秀な学生を採用するために、能力に応じて初任給などが変わる制度を導入するなら、既存社員の報酬体系も見直し、成果を出している社員なら報酬がアップするようにするべきです。また、新入社員が平等にチャンスを与えられ、成長できるように、部下の成長に対する貢献が、人事評価に直結するようにするとよいでしょう。

そのような対策をとったうえで、現場にストレスを与えない、自社にマッチングした優秀な人材を指導していれば、既存社員に「新入社員に負けていられない」という、ポジティブな負けん気が生まれます。この刺激が、人が本当に変わる、何よりも大切なきっかけとなります。

会社を一番活性化できるプロジェクト

組織、世代を越えて協力する

新卒採用は、優秀な人材が入社するだけではなく、新卒採用そのものが、既存社員を成長させるため、会社そのものを活性化します。

ただし、これには、「組織と世代を越え、全社一丸となった採用活動ができれば」という断り書きが必要になります。この、全社一丸の採用活動は、レガシードの新卒採用に必要不可欠なポイントになります。

一般的な採用活動は、小さな企業の場合、経営者が中心となって行われます。規模が大きな企業でも、人事部など、採用担当者が加わるのみです。

ここから、本書の内容をおさらいしながら、レガシードのやり方まで遡《さかのぼ》ってみましょう。

経営者や採用担当者のみで、人材の品質にこだわらない採用をすると、現場にストレスがかかります。それを回避するには、各部署の責任者を選考に巻き込む必要があります。

そうすれば、彼・彼女らにも責任が生じ、「社長が選んだから」という言い訳ができなくなりますし、一人の目で判断しないためにも、各部署の責任者に助けてもらうべきです。

このように書くと、無理やり共犯者にするような感じが出てしまうかもしれませんが、しっかりと話し合い、ポジティブに参画してもらうことが重要です。

各部署が納得する採用ができれば、責任感だけでなく、新入社員に対する現場の期待や愛情も高まり、「早く一人前にしてあげたい！」と、教育に対する意欲も増します。

こうすることで、新卒採用が組織を越えたプロジェクトになります。

そして、各部署の責任者は、40代～50代の社員であることが一般的です。

加えて、3章でお伝えしたように、合同説明会などで学生と直接触れ合う役目は、若い世代に任せることが重要です。入社後、5～10年先の自分をイメージしやすくなる、各部署の次世代リーダー候補のエース社員を起用することになります。

そのため、世代の壁も越えることになります。

また、現場の負担に注意しなければいけませんが、選考プロセスにおいても、各部署の責任者以外の社員が参画できるとよいでしょう。若者ならではの視点が加わるなど、様々なメリットが期待できます。

さらに、新卒採用で結果が出て、レガシードのやり方を踏襲するなら、次年度以降は内定者も採用チームに加わることになります。これほどダイナミックに、組織と世代の壁を越えるプロジェクトは、新卒採用以外にありません。

ビジョン、強み、ターゲット人材像の共有が当事者意識を高める

組織と世代を越えて、既存社員とともに採用活動をするうえで大切なのは、採用したいターゲット人材像を、一緒になって考えていくことです。そうすることで、採用チームに加わった各部署の責任者や社員の当事者意識が高まり、成長を促します。

そのためには、単に「あなたは選考を手伝ってください」「あなたは早期インターン合説で学生の対応をしてください」と何かの役割を振るだけではなく、このような採用活動を行う理由、期待できる効果まで、ありとあらゆる情報を共有し、全員で議論していく必要があります。

内定から入社までで1年半、新入社員が会社の中心になって活躍するようになるまで3年くらいとすると、本気で新卒採用をするなら、少なくとも5年先の会社のビジョンや、そこで活躍できる人材像を考え、優秀な人材が興味を抱くようなワクワクできるビジョンや、自社がもっている強みを見出していく必要があります。

よく、「社員も経営者感覚を身につけるべきだ」と言いますし、実際に大切なことだと思いますが、日頃の業務だけでそれを期待するのは難しいものです。経営者や役員がやるような、会社の未来を考える仕事に関わることで、現場の社員も経営者感覚を身につけ、磨くことができるのです。

新卒採用が現場と新入社員の絆を深める

先輩社員は、後輩社員のモデルでありたい、という思いがあります。

この思いは、新卒採用に直接関わることで、より深くなります。

入社後、内定者や新入社員を直接指導する立場の社員が、合同説明会などの様々な局面で学生と触れ合うと、「どうして入社しようと思ったのですか?」といった質問を受けます。

そのような質問に答えることで、先輩社員は初心を思い出します。さらに、学生に自社で働くやりがい、仕事で得たものを言葉で伝えていくことで、仕事をする理由や大切なものに改めて気づかされ、モチベーションが高まるのです。

そして、入社までの様々な局面で、学生と何度も触れ合うことで、彼・彼女らに対する好感度はどんどん上がっていきます。レガシードの場合、特にそのような接点を増やすことを意識しており、弊社のクライアントが新卒採用で内定者を決めるとき、学生よりも、社員側が感極まってしまい、涙することすらあるほどです。

かつての新鮮な気持ちを思い出し、入社する後輩を好きになっていれば、必然的に彼・彼女らの教育にも力が入ります。そうなれば、後輩のチャンスを奪う行動などの心配をする必要もなくなります。

既存社員がヤバいと思うほどいい状態にする

「いまの会社だったら、自分は入社できなかったかも」と思わせる

即戦力の新卒社員によって会社の状態がよくなると、いい意味で既存社員の尻に火がつき、「このままではヤバい」と、本気で変わろうと決意するきっかけになります。

会社に特に変化がない状態で、単純に自分の成果が出なかったり、後輩に抜かれそうになったりするだけでは、モチベーションが下がり、離職に繋がる可能性が高いです。

しかし、会社が目に見えて成長している状態なら、「いまの会社だったら、自分は入社できなかったかもしれない」と感じ、「入社できてよかった」と思ってもらうこ

とができます。

そうなれば、既存社員の意欲に「辞めるようなことになってはもったいない。優秀な後輩たちに負けないようにがんばらないと」と火をつけることができます。

また、そう思ってもらうためにも、会社を変え、成長させてくれる優秀な人材を、新卒採用で継続的に採用する必要があるのです。

採用基準は毎年変わっていく

即戦力人材の採用に成功すると、社内の様々な基準が一気に上がり、既存社員も大いに刺激されます。

しかし、これが一時的なものであってはいけません。新入社員が、いつか後輩を指導する立場になったとき、同じように「自分もうかうかしていられないぞ」と刺激を受けなければなりません。

そのためには、会社を変える優秀な人材である、彼・彼女らを脅かすほどの人材を採用する必要があります。

つまり、いまの会社にとって、即戦力人材の採用がどれだけ高い目標であっても、そこに留まってはいけません。採用基準は、毎年変わり、上がっていくべきなのです。

先ほどお伝えしたように、採用ターゲットの人材像を、各部署の社員と一緒になって考えていく必要があるのは、このためでもあります。

会社の未来のビジョンと、そのために必要な人材像を考えるのは経営者の仕事です。しかし、新卒採用のＰＤＣＡサイクルを回し、計画を改善するうえでは、現場の声が必要不可欠です。

4章で触れたように、どんなに高い目標も一度クリアすれば、それが新しいスタンダードになります。その仕事を最も近くで見ている各部署の責任者や社員と一緒に、内定者や新入社員の仕事ぶりをチェックして、次年度の採用ターゲットを考えます。

現場のことは、現場に聞くのが一番です。レガシードは、全社員の仕事ぶりを日報などでチェックできますが、それでも現場のみんなには敵いません。2章でも触れたように、私が「いいな」と思う学生さんがいても、若手社員に否定されてしまうのです。

そのような現場の厳しい基準を取り入れ、クリアできた部分があれば、採用基準のラインを高く設定し直しましょう。また、技術の進歩や社会情勢も踏まえ、会社のビジョンやターゲット人材像、採用人数などをチューニングしていきましょう。

既存社員に「入ってよかった」と思ってもらうとともに、「このままではいけない」と、いい意味でのプレッシャーがかかるように、採用基準を上げ続けることが大切です。採用基準が上がれば、比例して、新入社員だけではなく、既存社員のレベルも上がっていきます。

数合わせの採用がいらない会社になる

既存社員も一緒に成長できる新卒採用を実現するには、人材の品質に徹底的にこだわり、妥協なき採用活動をしなければなりません。
繰り返しになりますが、会社を変えるための新卒採用は、「納得できる若者と出会えなければ、誰も採用しない、というレベルの覚悟」で臨むべきです。

とはいえ、新卒採用を始めたばかりの企業などでは、なかなかうまくいかないこともあります。たとえば、こだわり抜くと採用人数が0人になってしまう場合など、2章でお伝えした内容を踏まえ、それでも迷ってしまう学生がいるなら、経営的な判断などで、採用するという選択肢もあってもよいでしょう。

何よりも重要なのは、次年度以降も採用基準を下げずに、活動実績を積み上げていくことです。繰り返し実行しなければ、ケーススタディができる事例を蓄積できません。たとえ満足できる採用ができても、思ったよりも活躍できない人がいたり、離職者が出てしまったりすることも考えられます。

それでも、何度も繰り返していくことで、「こんなタイプの人がうまくいきやすい」という判断基準が確立されていきます。新卒採用の事例を積み上げることで、少しずつターゲット人材像を正確かつ、精緻なものにできるのです。

多くの中小企業が陥りがちな「とりあえず採用して、働かせてみよう」という、数合わせの採用をなくすには、この精度を上げていくしかありません。

ちなみに、会社には社員を幸せにする義務があり、妥協含みの採用だろうが、そんな背景は関係ありません。あくまでも、即戦力に育つまでのスピードが違うだけで、そん人は必ず育ちます。経営者は妥協をしたからこそ、その責任は自分にあると考え、自社で存分に活躍できるようにサポートしてください。

ただし、当たり前の話ですが、理想は妥協なき採用を成功させることです。

本気で会社を変える新卒採用に取り組み、結果としてある程度の妥協をする分にはまだよいのですが、最初から妥協する余地が織り込まれているようでは、絶対にうまくいきません。

あくまでも、量より質、人材の品質を徹底的に吟味するのが大前提です。

言い換えるなら、本書でお伝えする新卒採用にチャレンジするには、まずドラフト

1位レベルの人材を、本気で狙うと決意し、また採用できるという確信を得ることです。その決意と確信なくして、優秀な人材に出会うことはできません。

優秀な人材が、会社の未来への期待を高める

人材の品質に妥協しない新卒採用に成功し、会社が変わり始めると、既存社員は「この会社に入ってよかった」という気持ちと、いい意味でのプレッシャーに加えて、「この先、どんな会社になるんだろう」というワクワク感を覚えます。

入社する後輩の質が上がれば上がるほど、会社の未来への期待も高まります。その結果、帰属意識も強くなり、やる気も増すので成長も促進されます。自ずと定着率も高まるため、採用基準を上げ続けることは離職防止にも繋がります。

優秀な人材が入ることで、自分たちの居場所がなくなるのでは、という心配はよく耳にするのですが、実際は好影響のほうが圧倒的に多いのです。

むしろ、仕事のできない社員が入ってしまうと、既に述べたようにストレスの原因になってしまいますし、「自分たちががんばらないと、会社の未来が心配だ」と感じるようになります。

後者の思いは、一時的にはモチベーションに転化できるかもしれませんが、ずっと明るい未来が見えないままだと、長期的には負担になり、離職の原因になりかねません。

ことほどさように、即戦力人材は会社の全てを、いい方向に変えてくれるのです。

第8章

即戦力人材を採用するための5つの法則

法則① 人に合わせた基準ではなく、理想の基準に合う人を採用する

最後にまとめとして、即戦力の新卒社員を実現する、新卒採用を成功に導く5つの法則を紹介します。本書でお伝えした内容の中でも、特に肝となる部分ですので、これまでの内容を思い返しながらお読みいただければ幸いです。

1つめの法則は「人に合わせた基準ではなく、理想の基準に合う人を採用する」です。

2章で述べたように、以前の私は、自分のビジョンと違っていても、優秀な学生さんに出会えたら、採用して、その人に合わせればいいと思っていましたが、様々な経験から、それは間違いだったと確信しています。

「会社に必要な人材」とは、欠けている場所を埋める存在なのだといまは考えています。だからこそ、優秀ではあっても、求める能力はもたない人や、スキルフィットは

していても、カルチャーフィットはしていない人をあてがおうとしても、うまくいかないのでしょう。

大切なのは、「採るべくして採る」ことです。

プロ野球チームが、層の薄いポジションをカバーできるドラフト戦略を考えるように、いまの会社に、どんな期待役割を果たせる人材が必要なのか。それには、どんな能力をもった人材である必要があるのか、という定義を明確にできなければ、採るべくして採ることはできません。

新卒採用は、数合わせの「補填」ではなく、組織を強化するための「補強」なのです。

理想の基準に合う人を見るには、「人間性」「能力」「共感性」の3つのレベルに注目してください。

人間性は、人としての姿勢です。私やレガシードが重視しているのは、素直さ・協調性・思いやり・責任感などです。

能力については、私は「思考力」「行動力」「影響力」の掛け合わせと定義しています。

いくら思考を深められても、行動に繋がらなければ意味がありませんし、その双方を兼ね備えていても、周囲の人に影響力を及ぼすことができない人では、チームワークが必須となる、一人では遂行できない大きなプロジェクトで成果を出せません。1つの高さより、バランスを重視します。

共感性は、仕事内容や、この事業を広げたい、就活中に出会った魅力的な社員たちと一緒に働きたい、など、会社の不変的なものに共感し、働きたいと感じる思いです。共感度合いの高さだけではなく、その対象——「何に共感して入社したいと思うのか」に注目してください。学生が共感を覚えている対象が、経営者が大切にしているものならよいのですが、そうでない場合はカルチャーフィットに問題が出る可能性が高いです。

法則② ハードな課題をクリアしないと入社できないようにする

新卒採用で、ハードな課題を実施する理由は4つあります。

1つめの理由は、簡単な選考で得た内定ほど、簡単に辞退されてしまうからです。優秀な人材は、特に成長することを求めているので、選考が簡単な会社だと、「入社しても自己成長できないのでは……」と感じる可能性が高いです。

2つめの理由は、選考段階から、即戦力人材の育成は始まっているからです。選考の初期から、自社で必要な能力を育むことのできる課題を実施すれば、その時点から育成を始められます。

3つめの理由は、ハードな課題のほうが、選考そのものも適切にできるからです。プロ野球やJリーグでは、シーズン終わりに所属チームとの契約が終了してしまった自由契約選手が集まり、各球団のスカウトの前で、自由契約選手が実戦形式で試合を行う合同トライアウトが行われています。この試合で活躍すれば、他球団から声がかかる可能性があるので、文字通り選手生命を賭けた真剣勝負です。そして、真剣勝負だからこそ、選手のパフォーマンスをチェックできるのです。

私は会社の選考も、トライアウトのようなものだと思っています。数学の能力を見たい相手に、小学生レベルの算数の問題を出しても意味がないように、学生の結果にばらつきが出る難易度の課題にしなければ、適切な見極めはできません。

4つめの理由は、離職防止に繋がるからです。

どれだけホワイトな企業であっても、学生が備えなしに現場に飛び込み、苦労なく働ける企業などそうありません。

ところが、学生をお客様扱いするような簡単な選考をして、内定後の育成も特にないまま入社させてしまう企業は少なくありません。

大切なのは、そうならないように、助走期間をできるだけ長く設けることです。いきなり壁にぶつかってしまうことがないように、入社後に待つ厳しい環境を、前もって体験させましょう。

ハードな課題で選考し、内定者には会社の欠けているところを隠そうとせず、負荷を与えるインターンシップを実施すれば、入社後もそのような戸惑いもなく働くことができます。

また、先んじてそのような課題に挑戦することで、学生は自分の実力不足を思い知り、成長して入社したいというモチベーションが高まります。

法則③　内定期間中の育成プランを明確にし、経験値を積み上げる

選考期間から育成を開始し、入社時点で即戦力の新卒社員に育て上げるには、明確な育成プランが必要不可欠です。

そのためには、一つひとつの要素を明確にしていかなければいけません。

入社日の時点で、どんな仕事をして欲しいのか、という会社からの期待役割を考え、次に、そのために必要な能力を考え、その能力を身につけるために必要な経験を考え、

育成プランを明確にしていきます。

そして、どんどんPDCAサイクルを回して、内定者の経験値を積み上げていきます。リアルな実地体験をできるだけ増やすことで、しっかりとした助走ができ、入社前に「社会人生活」に馴染むことができます。


ただし、できる限り現場で働いて欲しいところですが、実学を重視するあまりに、学業がおろそかにならないように注意も必要です。

学業や卒論に影響が出ないようにケアをしたうえで、会社として何ができるかを追求してください。

学生は忙しいなりに、社会人に比べれば自由時間をもっています。無理に学業を圧迫するのではなく、その自由時間を、楽しいことだけに使うのではなく、会社で経験値を積んでもらうことに使ってもらう意識で、内定者と相談してください。

目先の遊びの時間は減ってしまいますが、内定者育成の意義を伝えれば、会社だけではなく、本人の幸せにも繋がる提案だと理解してもらえるはずです。

少なくとも、アルバイトをしている人には、その労働時間を振り替えてもらいましょう。有給インターンに入ってもらい、自己成長を果たせれば、学生・会社の双方がウィンウィンです。

また、内定者一人ひとりが、学業で得られるものも可視化しておきたいところです。メルカリのような、大学の研究で身につけたスキルも、報酬の評価対象になるシステムは私の前の会社でも導入していたのですが、自社の業務に直結する研究をしている内定者もいるかもしれません。

そのような内定者がいたら、現場で経験値を積もうとするあまりに、研究がおろそかにならないように、ちょうどよいバランスを探るべきでしょう。

法則④　新卒を即戦力にするのは当たり前、という文化を創造する

高い目標でも、一度達成できれば、それが新たな基準となり、当たり前になってい

きます。

これは、「新卒社員を即戦力化する」ことを当たり前にするには、まずチャレンジし、成功しなければならない、ということでもあります。

読者のみなさんには、本書を見て「自社で可能なのだろうか」と思ったことにこそ、挑戦していただきたいです。また、その文化を醸成できるまでは、経営者自らが先頭に立って、社員たちに「必ず実行できる」とメッセージを発してください。

そして、4章でも触れたように、経営者のメッセージを伝えるには、制度化から入るとよいでしょう。

レガシードがリーダーの担当企業数を制限しているように、上司や先輩が育成に注力する仕組みを導入できるようにします。チーム制を導入し、育成の成果を人事評価に組み込むなどして、仕組みに則った実行を継続できれば、それが積み重なって文化となります。

大企業に比べ、中小企業は新しい文化をつくり、定着させることが容易です。

内定者や新入社員が最前線でバリバリと働き、場合によっては先輩以上に活躍することが当たり前になり、報酬でも上回る可能性がある会社になれば、やりがいを求める優秀な人材は必ず御社に注目します。そうして優秀な人材が毎年入社するようになれば、７章でお伝えしたように、既存社員の成長も呼び、定着率も上がります。

毎年基準を上げ続け、当たり前を更新し続ければ、大企業に負けない優秀な人材を採用・育成できることも「当たり前」になります。

法則⑤　採用チームをスカウトチームにする

採用チームに必要なのは、プロ野球のスカウトのような考え方です。その中でも、特に重要なポイントが２つあります。

１つは、大学１・２年生どころか、中学生や高校生も視野に入れる「超青田買い」という発想です。

また、場当たり的な計画では、超青田買いは実行できません。

たとえば、大学1年生が入社するまで3〜4年かかります。仮に、優秀な人材は、高校卒業後すぐに就職することが当たり前になる時代が来るとしても、高校1年生なら3年のインターバルがあります。

そのような人材をチェックするには、広島東洋カープのチームビルディングのように、長期的な視点で組織の形を考え、数年先の補強ポイントをあらかじめ考えておかなければなりません。

もう1つは、気になる人材がいたら、直接会いに行く攻めの姿勢です。新卒採用の場合は、スカウトサイトの利用もこれに当てはまるでしょう。

受け身の採用で勝てるのは、大企業だけです。中小企業は、とにかく攻めることが何よりも重要です。少々乱暴に言えば、「捕まえに行く」というくらいの意識でいいと思います。

スカウトサイトの利用や、大学でイベントを開く、といったわかりやすい攻め方だけでなく、レガシードの食事チケット制度のように、気になる人がいたら、どんな場所でもアプローチするくらいの意気込みで臨むべきなのです。ハイヒール専門ブランドを運営するコメックス社では、次長クラスの社員の方は、街中で気になった人を見つけたら、名刺を渡しているそうです。

このコメックスの取り組みや、私たちの食事チケット制度などは、プロ野球と言うよりも芸能界のスカウト、といった感があります。

実は私は、「一般的な企業で働く」という仕事を、芸能界のタレントのように憧れられる職業にしたいと考えています。役者やアイドル、歌手に憧れるように、若者に「就職したい」と熱望して欲しいと考えています。しかし、実際にはスティーブ・ジョブズのようなスター経営者に憧れる人はいても、一般的なビジネスパーソンに憧れる人はほとんどいません。

なぜかと言えば、イキイキと働き、活躍するビジネスパーソンが少ないからです。

だから私は、企業の採用活動支援や、このような書籍を通じて、イキイキと働く人を一人でも多く増やしたいのです。

これは決して無理なことではないと思います。たとえば、ご両親に憧れ、同じ職業に就きたいと思ったことがある方は少なからずいるはずです。それは、近しい距離で様々なエピソードを見聞きし、自分や家族を守るために働く、その志を知っているからでしょう。

つまり、ビジネスパーソンに憧れを抱けないのは、単にその仕事や志を知らないからなのです。決して、その仕事や志が、憧憬《どうけい》の念を抱くには足らない、というわけではありません。

私の理想は、AKBやEXILEのようなオーディション、全国を定期的に回るスカウトキャラバンなどを開催したら、若者が応募してくれるようになることです。

若者が年齢不問で門を叩けるイベントがあれば、合格者が希望すれば大学進学の費用を負担する、といった施策も行うことで、恵まれない環境に生まれた方の選択肢も広げられます。

このようなイベントを、就職全般で行うのはなかなか難しいと思いますが、業界単位なら実現に向けてのハードルもかなり減ると考えています。そのため、私は今後、人事コンサルタントという職種を知ってもらうための、業界投資とでも言うべき活動も増やしていきたいと考えています。たとえば、キッザニアへの出展などです。

本書をきっかけに、即戦力人材を採用するための新卒採用に挑戦する仲間が増え、イキイキと働く社会人が増えることを、心より願っています。

エピローグ

「しあわせ」に働く人が増えれば、よりよい社会になる

最後までお読みいただき、ありがとうございました。

本書でお伝えしたかったことは、幸せに働く若者を増やし、社会をよりよいものにする、というものです。

新卒採用で即戦力人材を採用し、会社を成長させることは、その手段の1つでしかありません。たまたま、私が人材コンサルティング業を生業にし、最も得意とする手段であるため、その方法論を啓蒙するために本書を執筆しました。仮に私が、大学教育の関係者であれば、ビジネス型の教育を受けられる選択肢を増やす活動をしていたかもしれません。

レガシードの企業理念は、「はたらくを、しあわせに」です。

1日24時間から、睡眠時間とプライベートな時間を引いた残りの時間は、全て働いている時間であり、人生の大部分を占めます。

睡眠時間やプライベートな時間は、基本的に幸せに過ごせるものです。また、そうでなくとも、寝具を変えたり、人付き合いを見直したりと、自分の意思で改善できる部分が大きいです。

しかし、働く時間については、自分の意思だけで改善できない部分も多く、まさに現在の日本は、新卒で入社した会社に「こんなはずではなかった」と違和感を覚えた早期離職者が、約3割もいる時代であるわけです。

ですから、簡単なことではありませんが、この残りの時間を幸せに過ごすことができれば、人は1日中幸せに過ごせる可能性が高いです。そうやって幸せに過ごす人が増えれば、その集合体である企業も元気になり、社会も元気になるはずです。

私は、そんな社会を、本気で目指しています。

この目的に向けて、いまの私ができる最も効果の高い施策が、新卒採用支援です。

本書でお伝えする新卒採用は、企業側から見れば、即戦力として働く優秀な人材を獲得するための採用活動ですが、日本中の企業がそのような採用活動をするようになれば、学生側から見ると、スキルもカルチャーもフィットする、幸せに働くことができる会社と出会える就職活動になります。

それが当たり前になれば、幸せに働く若者は、確実に、劇的に増えるはずです。

ですから、みなさんも、新卒採用を単なる自社を変えるための活動ではなく、社会を、そして世界を変えるための活動と認識していただきたいのです。

はっきり言えば、そう認識することで、自社の問題が見えてくる方もいるでしょう。

自社で幸せに働ける人と出会うために、筆記や面接重視の選考でいいのか。

これまでの退職者は、その人ではなく、むしろ自分たちに多くの責任があったのではないか。

きっと、企業側にも多くの反省点が出てくると思います。

しかし、その反省点をただ噛み締めるだけでは、何も生まれません。それを糧に改善を繰り返していけば、その失敗がただの失敗ではなく、幸せな若者を増やすための土台になります。

また、そのような観点で言えば、企業側は、若者の人生を預かる重みを、しっかりと実感する必要があります。退職者が出たら補填すればいい、という考えではいけないのです。

私は、新卒採用は、子どもを授かり、育てるようなものだと思っています。どうしても全員は採用できず、選考させていただく立場に、畏怖《いふ》に近い思いも抱きながら、そして出会いに感謝しながら、内定者を決めさせていただく――。そして、入社を決意してくれた仲間を、絶対に幸せにする覚悟で臨む――。どんなに厳しく見極め、高い能力を確信した採用した人材であっても、育てる責任は企業にあります。

裏を返せば、新卒採用で即戦力人材を採用しようとするなら、そんな優秀な彼・彼女らを「育てられる企業」でなければなりません。

まさに子育てのように、家庭（企業）の大切な価値観を確立し、それに従って「これはやってはいけない」といったルールも定め、その価値観を浸透させていく。

そして、成長のためには、能動的であることが大切です。

子どもは不意に、「これやりたい！」と意思表示するものです。いい保育園は、絶妙なタイミングで、子どもが「やりたい」と言い出すものを近くに配置しているそうです。

同じように、若い社員が素直にやりたいことを「やりたい」と発言できる企業風土を醸成し、同時に、実際に成長して「こんな仕事をやりたい！」と思ったとき、ふさわしい仕事を用意できる組織である必要があります。そんな環境を整え、希望に叶う仕事を用意するのが、経営者や上司の仕事です。

つまり、即戦力人材の採用は始まりでしかなく、経営者は彼・彼女らを、どう伸ばせるか、幸せにできるかを考え抜き、行動し続ける責任があります。

これは、楽なことではないと思います。

ただし、採用活動がうまくいかず、会社の業績に悩むような苦労に比べれば、何倍も、何十倍も、幸せな苦労であるはずです。

私の考える「しあわせ」は、いつもワクワクし、ニコニコできる「はたらく」ではありません。

そうなればベストですが、手術中の医師や、悪天候下の飛行機パイロット、制作中のアーティストらは、笑うどころか、成果に向けて一心不乱に集中し、働いていることでしょう。

それでも、仕事の成果に心から感謝されたとき、大きなやりがいや達成感を覚えるはずです。私は、それこそが「しあわせ」だと考えています。

本書によって、「しあわせ」な若者や経営者が増え、社会がよりよいものになることを、心から願っています。

最後になりましたが、執筆にあたってお世話になった、クロスメディア・パブリッシング・中山様、菅様、田中様、教育スクールビジネス研究所・小林様、インタビューにご協力いただいたタカジョウグループ・長井様、トモノカイ・徳岡様、BMU・光本様に心より感謝申し上げます。

本書を生み出した源泉とも言える、レガシードのクライアント企業のみなさまにも、厚く御礼申し上げます。

そして、いつも私を支えてくれる、レガシードのみんなや家族に、本当にありがとう。

株式会社Legaseed　代表取締役　近藤悦康

【著者略歴】
近藤悦康（こんどう・よしやす）
人材採用・育成のコンサルティングや就職支援事業を行う株式会社Legaseed（レガシード）の代表取締役。
1979年岡山県生まれ。2009年enジャパン調査の学生が選ぶ「こんなプロになりたい大賞」において第10位。独自の人材採用手法が、テレビや雑誌をはじめ多数のメディアにも取り上げられ、NHKの『クローズアップ現代』『ソクラテスの人事』『めざせ! 会社の星』、テレビ東京『ワールドビジネスサテライト』、FMラジオ・J-WAVEなどにも出演する。2013年株式会社Legaseedを設立。ゲーミングシミュレーション、アクションラーニング等を用いた人材採用や人材育成の仕組みを全国400社以上の企業に導入。研修の受講生は延べ7万人を超える。同社も、創業5年目で社員20名でありながら年間1万人を超える学生が応募する人気企業に。「Rakuten みん就」において学生が選ぶ「2020年卒インターンシップ人気企業ランキング」では全企業中20位。また、人材業界では1位となり、『日経ビジネス』でも紹介された。著書に『日本一学生が集まる中小企業の秘密』（徳間書店）『社長のための、会社を潰さない人材採用術 内定辞退ゼロ』（実業之日本社）がある。

伸《の》びてる会社《かいしゃ》がやっている「新卒《しんそつ》」を「即戦力化《そくせんりょくか》」する方法《ほうほう》

2018年12月1日 初版発行

発行 **株式会社クロスメディア・パブリッシング**

発行者 小早川幸一郎

〒151-0051 東京都渋谷区千駄ヶ谷4-20-3 東栄神宮外苑ビル

http://www.cm-publishing.co.jp

■本の内容に関するお問い合わせ先 …………………… TEL (03)5413-3140 ／ FAX (03)5413-3141

発売 **株式会社インプレス**

〒101-0051 東京都千代田区神田神保町一丁目105番地

■乱丁本・落丁本などのお問い合わせ先 ……………… TEL (03)6837-5016 ／ FAX (03)6837-5023

service@impress.co.jp

（受付時間 10:00～12:00、13:00～17:00 土日・祝日を除く）

※古書店で購入されたものについてはお取り替えできません

■書店／販売店のご注文窓口

株式会社インプレス 受注センター ………………… TEL (048)449-8040 ／ FAX (048)449-8041

株式会社インプレス 出版営業部 ………………………………… TEL (03)6837-4635

カバー・本文デザイン 小泉典子

印刷・製本 株式会社シナノ

ISBN 978-4-295-40203-9 C2034